Rolf Dobelli

Die Not-To-Do-Liste

PIPER

Zu diesem Buch

So, wie andere Vinylplatten, Videospielkonsolen oder Vintagekleider sammeln, sammelt Rolf Dobelli seit Jahren Geschichten von Misserfolgen – Fehlschläge im Leben, in Karrieren, Ehen und Familien. Hier präsentiert er die Sammlung von Verhalten und Denkmustern, die man tunlichst nicht nachmachen sollte – eine Art Kompendium der Idiotie. Und er zeigt: Wenn wir die größten Glücks- und Erfolgskiller im Blick haben und ihnen aus dem Weg gehen, tut sich der richtige Weg automatisch vor uns auf. Ein Buch, das man jedem jungen Erwachsenen in die Hand drücken möchte.

Rolf Dobelli ist Schriftsteller und lebt in Bern. Seine Bücher, darunter die Bestseller *Die Kunst des klaren Denkens* und *Die Kunst des klugen Handelns*, haben sich über vier Millionen Mal verkauft. Er ist Gründer von WORLD.MINDS, einer Community von weltweit führenden Persönlichkeiten aus Wirtschaft, Wissenschaft und Kultur. Er ist mit der Bestsellerautorin Clara Maria Bagus verheiratet.

Rolf Dobelli

Die Not-To-Do-Liste

52 Wege, die größten Lebensfehler zu vermeiden

Mit 52 farbigen Abbildungen

PIPER

Mehr über unsere Autorinnen, Autoren und Bücher:

www.piper.de

Von Rolf Dobelli liegen im Piper Verlag vor:
Die Not-To-Do-Liste
Die Kunst des klaren Denkens
Die Kunst des klugen Handelns
Die Kunst des digitalen Lebens
Die Kunst des guten Lebens

Die in diesem Buch verwendeten anlehnenden Gemälde und erläuternden Zitate stellen neben einem Ausdruck der Wertschätzung für die Originale auch und vor allem eine Hommage an die Vielfältigkeit der Kunst dar. Die hierfür verwendete nachahmende oder zitierende Kulturtechnik des Pastiches ist ein prägendes Element des zeitgemäßen kulturellen Schaffens und nach § 51a UrhG ausdrücklich erwünscht und gestattet.

FSC www.fsc.org
MIX
Papier | Fördert gute Waldnutzung
FSC® C083411

PRODUZIERT MIT VERANTWORTUNG

Ungekürzte Taschenbuchausgabe
ISBN 978-3-492-32241-6
Januar 2026

Für einen direkten Kontakt und Fragen zum Produkt wenden Sie sich bitte an: *info@piper.de*
Umschlaggestaltung: Büro Jorge Schmidt, München
Illustrator : El Bocho, www.elbocho.net
Satz: Eberl & Koesel Studio, Kempten
Gesetzt aus der Corporate A Pro
Litho: Lorenz & Zeller, Inning am Ammersee
Druck und Bindung: CPI books GmbH, Leck
Printed in the EU

INHALT

Für meine Frau Clara Maria Bagus
und unsere Söhne

VORWORT

So wie andere Vinylplatten, Videospielkonsolen oder Vintage-Kleider sammeln, sammle ich seit Jahren Geschichten von Misserfolgen – Fehlschlägen im Leben, in Karrieren, Ehen und Familien.

»Alle glücklichen Familien sind einander ähnlich, jede unglückliche Familie ist unglücklich auf ihre Weise.« So eröffnet Leo Tolstoi seinen Jahrhundertroman *Anna Karonina*. Will heißen: Pures Glück langweilt den Leser. Glück ist fade und eindimensional. Glück ist glatt wie Teflon. Das Unglück hingegen verrät viel mehr über die Welt. Unglück hat Struktur. Und es lehrt uns etwas. Deshalb sammle ich es – das Unglück.

Am Tag der Abschlussfeier laden Universitäten jeweils einen Gastredner ein, um ein paar Weisheiten an die jungen Frauen und Männer zu richten, die ins Berufsleben entlassen werden. Meist handelt es sich bei den Gastrednern um Absolventen ebendieser Universität, die es besonders weit gebracht haben. So auch am 13. Juni 1986. Die Harvard-Universität hatte den damals 62-jährigen Investor Charlie Munger eingeladen. Munger, selbst ein Harvard-Alumnus, hat zusammen mit Warren Buffett die wohl erfolgreichste Beteiligungsfirma aller Zeiten aufgebaut, Berkshire Hathaway. Mungers Rede war höchst ungewöhnlich. Selbst der Titel klang bizarr: »How to Guarantee a Life of Misery« – »Wie man ein elendes Leben garantiert.« Statt Weisheiten für ein erfolgreiches Leben aufzutischen, gab Munger vier Tipps zum Besten, wie man ein garantiert unerfolgreiches Leben führt. Er drehte den Spieß einfach um. Ein brillanter Einfall, denn negative Rezepte sind aussagekräftiger als positive, handfester und einprägsamer. Trotz aller Glücksforschung wissen wir zum Beispiel nicht genau, was uns glücklich macht. Aber wir wissen mit Sicherheit, was Glück vernichtet. Wir wissen nicht exakt, was Menschen erfolgreich macht, aber wir wissen mit Sicherheit, was Erfolg verunmöglicht. Wenn man also die Killer im Blick hat und ihnen aus dem Weg geht, tut sich der richtige Weg automatisch vor einem auf.

Mungers Idee war nicht neu. Der preußische Mathematiker Carl Gustav Jacob Jacobi hat diese Art des Denkens im 19. Jahrhundert angewandt. Manchmal, stellte Jacobi fest, lässt sich ein wissenschaftliches Problem erst lösen, wenn man es komplett umdreht. »Inversion« nennt man das im Fachjargon. So hat Einstein Newtons Gravitationslehre an die maxwellsche Elektrodynamik angepasst und ist nicht – wie alle anderen – den umgekehrten Weg gegangen. Langfristig orientierte Investoren fragen sich, wie man am besten eine Firma an die Wand fährt, und investieren dann in die unzerstörbaren (z. B. Coca-Cola in den USA oder die Jungfrau-Bahn in der Schweiz). Mungers Bonmot für diese Inversion: »Sag mir, wo ich sterben werde, und ich werde nie dorthin gehen.« Weil Charlie Munger nicht nur ein brillanter Investor, sondern ein ebenso genialer Denker war, der sich mit gepfefferten Sprüchen nicht zurückhielt, habe ich ihn oft zitiert. Leider ist Charlie während des Schreibens dieses Buches 99-jährig gestorben.

Doch zurück zur »Inversion«: Wir überschätzen systematisch die Rolle von Erfolgsfaktoren, und wir unterschätzen ebenso systematisch die Rolle von Misserfolgsfaktoren. Warum? Weil die erfolgreichen Unternehmen, Projekte und Personen es in die Medien schaffen. Für die Gescheiterten hingegen interessiert sich keine Seele. Versager schreiben keine Autobiografien – und falls doch, finden sie keinen Verlag oder zumindest keine Leser. So studieren wir Erfolgsgeschichten und leben mit der Illusion, Erfolg entstehe durch die gewissenhafte Aneinanderreihung von Erfolgsfaktoren statt durch das Vermeiden von Erfolgskillern. Tipp: Besuchen Sie stattdessen die Friedhöfe der gescheiterten Firmen, Projekte, Personen, Ehen und Familien. Dort lernen Sie am meisten – Sie lernen, was zu vermeiden ist.

Von meinen zwölf Büchern haben es drei zu einem großen Erfolg geschafft, und eine Handvoll sind veritable Flops. Keine Ahnung, weshalb die *Kunst des klaren Denkens* zu einem internationalen Bestseller wurde – aber ich weiß genau, woran meine Flop-Bücher gescheitert sind. Wer die Welt aus der Negativperspektive betrachtet, bringt Licht ins Dunkel.

Meine früheren Bücher entsprechen den traditionellen Abschlussfeier-Reden. Es sind Ratschläge für klares Denken, kluges Handeln und ein besseres Leben. In diesem Buch drehe ich den Spieß um. Ich präsentiere Ihnen eine Sammlung von Verhaltensweisen und Denkmustern, die man besser vermeidet – eine Not-To-Do-Liste, oder, anders ausgedrückt, eine Art Enzyklopädie der Idiotie. Wenn man sie kennt, kann man sie umschiffen.

Beim Schreiben hatte ich immer unsere Söhne im Hinterkopf. Eines Tages, wenn sie volljährig sind, so stelle ich mir vor, werde ich ihnen dieses Buch mit den Worten überreichen: »Dieses Buch wird euch hoffentlich einige Probleme im Leben ersparen. Meidet diese 52 Dinge, und ihr dürft frohen Mutes in die Zukunft schauen.« Und wahrscheinlich werden sie dann lachen und sagen: »Nett von dir, Papa, aber eigentlich haben wir auf ein Auto oder das Geld für eine Weltreise gehofft!«

Rolf Dobelli

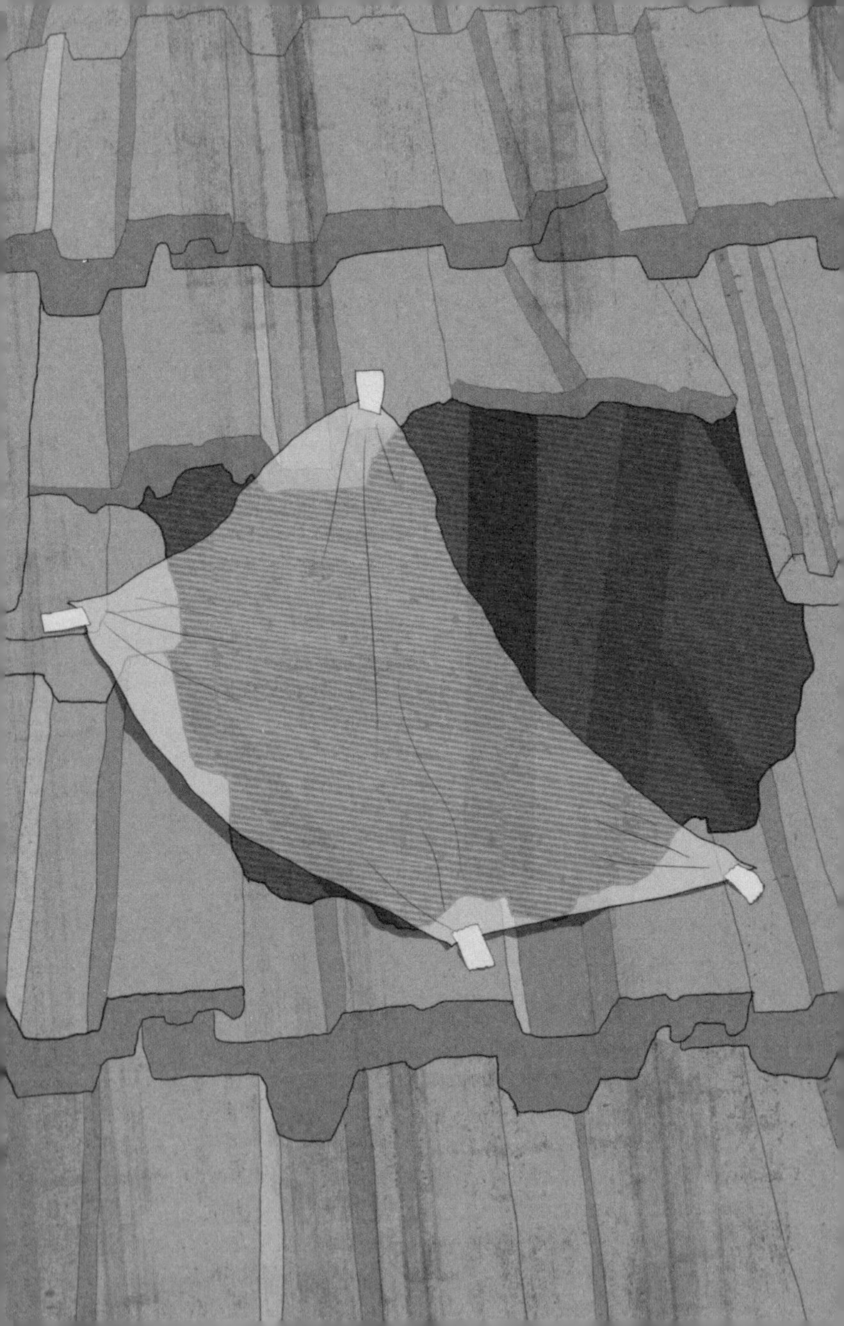

1

LASSEN SIE ALLES VERKÜMMERN

Es war einmal ein Mann. Der lebte in einem alten Haus mit einem undichten Dach. Immer wenn es regnete, war es gerade kein guter Zeitpunkt, um das Dach zu reparieren, und wenn der Himmel klar war, sah er keine Notwendigkeit, sich vor Regen zu schützen. Wenn Sie ein schlechtes Leben haben wollen, rate ich Ihnen: Machen Sie es wie dieser Mann. Vernachlässigen Sie systematisch den Unterhalt Ihres Hauses, Ihres Autos, Ihres Körpers, Ihres Geistes, Ihrer Beziehungen, Ihres Unternehmens – ja, eben Ihres ganzen Lebens. Nur so haben Sie die Garantie, dass es auch sicher verkümmert.

Die leise Stimme der Vernunft

An einem stürmischen Dienstag, dem 14. August 2018, stürzte die Morandi-Brücke in Genua ein. Sie war Teil einer wichtigen Verkehrsader, die die italienische Riviera mit der französischen Küste verbindet. Der italienische Ingenieur Riccardo Morandi hatte die 1967 fertiggestellte Brücke entworfen: drei Stahlbetonpylone, die mehrere Scheren aus Spannbeton trugen – eine damals neuartige Konstruktion. Schon lange vor dem Einsturz hatten Fachleute Bedenken hinsichtlich der Korrosion des Betons und der Streben geäußert. Unternommen wurde nichts. Als der mittlere Teil der Brücke nachgab, stürzten Dutzende von Fahrzeugen 40 Meter in die Tiefe. Unmittelbar danach begann eine hektische Rettungsaktion, um den Überlebenden zu helfen und die Verstorbenen zu bergen. In einem bemerkenswerten Kraftakt wurde die Brücke rasch wieder aufgebaut und im August 2020 wiedereröffnet. Gefeiert wurden die heroischen Retterinnen und Retter sowie der Stararchitekt Renzo Piano, der die Brücke neu aufbaute.

An demselben stürmischen Dienstag, dem 14. August 2018, stürzte die Felsenau-Brücke in Bern, wenige Kilometer von meinem Büro entfernt, nicht ein. Die 1974 fertiggestellte Brücke ist Teil der Autobahn A1, der wichtigsten Verkehrsachse der Schweiz. Bezüglich Alter, Konstruktion, Baumaterialien, Länge und Verkehrsvolumen ist sie mit der Morandi-Brücke in Genua vergleichbar. In Bern wurde niemand gefeiert. Die Spezialisten, die den laufenden Unterhalt der Brücke verantworten, bekamen kein Denkmal, keine Medaille, nicht einmal einen Artikel in der Lokalzeitung.

Instandhaltung ist keine heroische Tat. Sie ist langweilig, unsexy und bleibt weitgehend unsichtbar. Weniger wichtig als Heldentum ist sie deshalb nicht, ganz im Gegenteil. Wir überschätzen systematisch den Wert eines grandiosen Entwurfs oder einer kühnen Rettungsaktion, aber unterschätzen systematisch den Wert leiser, kontinuierlicher Unterhaltsarbeiten. Nicht nur bei öffentlichen Bauten, auch im Privaten. Wir preisen den Chirurgen, der uns vor einem tödlichen Herzinfarkt gerettet hat, aber nicht den Hausarzt, durch dessen regelmäßige Check-ups wir bisher nicht an Darmkrebs gestorben sind. Wir glorifizieren den Moment, als wir unserer »Mrs. Right« bzw. unserem »Mr. Right« einen Heiratsantrag machten, aber unterschätzen den Wert des täglichen, monotonen, Zeit verschlingenden Instandhaltens der Beziehung. Mit den Worten des Komikers Hape Kerkeling: »Liebe ist Arbeit, Arbeit, Arbeit.«

Auch in der Wirtschaftswelt fristen Instandhalter ein Mauerblümchendasein. Firmengründer und Turnaround-CEOs werden gefeiert. Aber wer feiert die Millionen von Mittelmanagern, die Tausende von Betrieben, Datenzentren, Stromnetzwerken und Lagerhallen bis hin zur Müllabfuhr am Laufen halten? David Brooks, Kolumnist der *New York Times,* beschreibt die unsichtbaren Mittelmanager richtigerweise als »die unbesungenen Helden unserer Zeit«. Doch niemand schreibt über sie.

In der Geopolitik sind die wahren Helden nicht die Generäle, die einen Krieg gewinnen, sondern Individuen, die einen Krieg verhindern – Politiker, Diplomaten und Beamte, die die Kommunikation zwischen den Staaten aufrechterhalten und eine effektive Abschreckung aufbauen. Aber belohnt man Diplomaten für Kriege, die nicht stattfinden? Liest irgendjemand ihre Memoiren?

Fazit: Für gewissenhafte Maintenance gibt es keine Medaillen zu gewinnen. Und doch ist diese Art von Arbeit wichtiger als alles andere. Mein Tipp für ein gutes Leben: Vermeiden Sie, dass Dinge kaputtgehen. Bleiben Sie achtsam und sorgfältig – wie die Techniker, denen der Unterhalt der modernsten Düsentriebwerke obliegt: Neben engmaschigen Wartungsarbeiten setzen die auf ein ausgeklügeltes »performance monitoring«: Sobald auch nur eine Winzigkeit (Temperatur, Druck, Vibration) außerhalb des Normbereichs liegt, wird das Flugzeug aus dem Verkehr gezogen und sofort in Ordnung gebracht. Dieses Prinzip sollten Sie sich auch angewöhnen. Fällt Ihnen das Treppensteigen schwerer als früher? Machen Sie einen Arzttermin aus. Ist Ihr Ehepartner chronisch genervt? Sprechen Sie ihn darauf an. Oder haben Sie Holzwürmer im Gebälk? Dann bestellen Sie einen Spezialisten, bevor Ihnen der Dachstock auf den Kopf fällt. Warten Sie nicht, bis etwas zerbricht, sondern sorgen Sie dafür, dass es gar nicht erst passieren kann. Lieber ein unbesungener Held als ein dramatisch scheiternder.

2

FÜTTERN SIE IHREN INNEREN SCHWEINEHUND

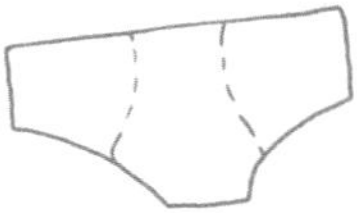

Wir erleben eine Epidemie der Selbstdisziplin. Jedes zweite Self-Help-Buch predigt Eigenmotivation. Titel wie Sprenge deine Grenzen, Disziplin – die Macht der Selbstkontrolle *oder* Mythos Motivation *schaffen es zuverlässig auf die Bestsellerlisten. Lassen Sie sich von dieser Quasi-Religion nicht anstecken. Diese Autoren wollen bloß Geld verdienen. Wenn Sie auf etwas keine Lust haben, ist das ein eindeutiges Zeichen Ihres zentralen Nervensystems, dass Ihnen dieses Etwas tatsächlich nichts bringt. Warum sonst sollte die Evolution über Jahrmillionen dieses komplexe Gefühl entwickelt haben? Vertrauen Sie Ihrem inneren Schweinehund, er ist Ihr treuester Freund. Wenn er jault, lassen Sie alles liegen, kraulen Sie ihn, spielen Sie mit ihm, und werfen Sie ihm ein paar Wurststückchen zu.*

Motivation muss von außen kommen, nicht von innen, wie diese Autoren alle behaupten. Wenn Ihre Motivation im Keller ist, ist das nicht Ihre Schuld, sondern die Schuld der Welt ganz allgemein. Solange Ihnen die Welt keinen Grund liefert, aus dem Bett zu steigen und Unangenehmes zu erledigen, ist sie selbst schuld, die Welt. Und Sie bleiben im Bett. Eigenmotivation ist so unnatürlich wie Plastik oder Pestizide. Schauen Sie sich die Tiere in der Natur an, zum Beispiel Gorillas. Sie hocken da, kratzen sich ab und zu und verdauen. Stress und schlechte Laune? Fehlanzeige. Übrigens: Wir teilen 98 Prozent unserer Gene mit den Gorillas. Logischerweise sollten wir uns an ihnen orientieren statt an den Befürwortern eiserner Disziplin, die vergessen haben, was natürlich ist. Unlust ist Unlust – das wussten schon unsere evolutionären Vorfahren.

Leben Sie deshalb getreu nach dem Motto: Was du heute kannst besorgen, das verschiebe gern auf morgen. Am besten schließen Sie sich mit einer Horde Gleichgesinnter zusammen und belächeln gemeinsam die Exzesse der Selbstmotivation. Vielleicht starten Sie sogar eine internationale Zauder-Bewegung? Oder nein, vielleicht lieber doch nicht, das wäre ja mit Aufwand verbunden.

Die leise Stimme der Vernunft

Der Begriff »innerer Schweinehund« zirkuliert seit etwa hundert Jahren. Wirklich populär geworden ist er nach dem Zweiten Weltkrieg bei Turnlehrern, die von ihren Schülern lauthals den Sieg über die träge Kreatur forderten, also die Überwindung der natürlichen Faulheit durch Disziplin und Willenskraft. Dass uns allen ein innerer Schweinehund innewohnt, ist tatsächlich eine evolutionäre Tatsache. Für Jäger und Sammlerinnen war es kontraproduktiv, sich zu einer Tätigkeit aufzuraffen, die nicht absolut notwendig war. Jene Hochmotivierten, die es trotzdem taten, verbrannten wertvolle Kalorien, die ihnen bei der nächsten Hungersnot fehlten. Folglich sind ihre Gene aus dem Genpool verschwunden – und wir sind die Nachfolger der Unmotivierten.

Bei Hunger, Gefahr oder zum Zweck der Paarung wurden unsere Vorfahren durchaus aktiv. War der Magen aber erst einmal gefüllt, gab es nichts Rationaleres, als zu faulenzen. Es gab weder Kühlschränke, in denen man überschüssiges Wild lagern konnte, noch Bankkonten, auf denen überzählige Beeren deponiert werden konnten. Der einzig funktionierende Kühlschrank war der Bauch der anderen. Angenommen, Sie hatten ein Bison erlegt. Statt sich daran zu überfressen und den Rest den Hyänen zu überlassen, taten Sie gut daran, das Wild großzügig mit Ihrer Sippe zu teilen. Am besten auch mit den Nachbarstämmen. Ließ das Jagdglück Sie dann ein paar Tage lang im Stich, war zumindest auf die anderen Verlass.

Heute sind die Anforderungen allerdings gerade umgekehrt. Wir haben eine ganze Infrastruktur der Akkumulation aufgebaut – von Lagerhallen über Pensionskassen, von Leistungsausweisen über technologisches Wissen und Publikationen bis hin zu Social-Media-Likes. Fast alles kann angehäuft und für späteren Nutzen thesauriert werden. Und plötzlich steht uns der innere Schweinehund im Weg. Wie werden wir taub für sein Gewinsel? Eigenmotivation funktioniert wie ein Muskel. Wenn Sie der Willenskraft tagsüber zu viel abverlangen, wird der Muskel müde, die Willenskraft schwindet. Gleichzeitig trainieren Sie ihn aber auch: Über Monate und Jahre baut sich Ihre Willenskraft auf, und Sie werden es immer einfacher finden, Ihren inneren Schweinehund zu überwinden. Eigenmotivation ist anstrengend, aber lernbar.

Was leider nicht besonders gut funktioniert, ist die Motivation anderer Menschen. Sie können Ihren Lebenspartner, Ihre Kinder oder Ihre Mitarbeiter zwar durch Zuckerbrot und Peitsche (sprich Anreizsysteme) antreiben, aber das ist noch keine Motivation. Echte Motivation kann nur von innen kommen. Falls Sie als Chef oder Chefin Mitarbeiter motivieren müssen, haben Sie bereits verloren (siehe auch das Kapitel »Versuchen Sie, Menschen zu verändern«). Klüger ist es, von Anfang an hoch motivierte Menschen einzustellen – und selbst einer zu sein. Übrigens: Wenn Sie einen unmotivierten Lebenspartner haben, ist Trennung vernünftiger als der Versuch, sie oder ihn zu motivieren.

3

SEIEN SIE UNZUVERLÄSSIG

»Ist der Ruf erst ruiniert, lebt es sich ganz ungeniert«, sagt ein Sprichwort. Wenn Sie ein zutiefst unglückliches Leben führen wollen, sollte der baldige Ruin Ihres Rufs zu Ihren obersten Zielen gehören. Wichtigste Regel: Halten Sie auf keinen Fall, was Sie versprechen! Totale Unzuverlässigkeit ist die wichtigste Eigenschaft, wenn Sie aus den interessantesten Zirkeln ausgeschlossen werden wollen. »Durch Unzuverlässigkeit wird die Wirkung aller Ihrer guten Eigenschaften, so groß sie auch sein mögen, völlig verblassen«, sagte der US-amerikanische Investor Charlie Munger in einer Rede an der Harvard School in Los Angeles.

Ich empfehle Ihnen, die Unzuverlässigkeit noch zu verstärken, indem Sie nicht nur nicht halten, was man vernünftigerweise von Ihnen erwarten kann, sondern indem Sie das Blaue vom Himmel versprechen – und es gleich wieder vergessen. Mit der Zeit müssen Sie nicht einmal mehr etwas versprechen. Jedermann wird bereits wissen, dass von Ihnen nichts als heiße Luft zu erwarten ist. Täuschen lässt sich jemand einmal, vielleicht zweimal. Doch dann will der andere nichts mehr mit Ihnen zu tun haben. Für Sie als Profi-Hochstapler heißt das: Sie müssen immer *neue Opfer finden. Das kann irgendwann schwierig werden, denn man wird über Sie reden. Sie werden zum Subjekt von Klatsch und Tratsch, Ihre Reputation wird in den Keller rasseln – und für den Rest Ihres Lebens dort bleiben. Mein Rat: Gehen Sie mit Ihren Versprechen um, als wären sie Klopapier.*

Die leise Stimme der Vernunft

Ich bin immer wieder erstaunt, wie weit es Menschen bringen, die nicht den höchsten IQ haben, die nicht besonders kreativ sind, die sich nicht geschliffen ausdrücken können, die aber zuverlässig sind. Zuverlässigkeit ist der am meisten unterschätzte Erfolgsfaktor. Ich glaube, es ist sogar der stärkste. Intellektuelle Brillanz wird Sie nicht vor dem Absturz retten. Denken Sie an den Bankrott des Hedgefonds Long-Term Capital Management im Jahr 1998 – jeder der Herren im Management hatte einen extrem überdurchschnittlichen IQ. Darunter waren sogar zwei zukünftige Nobelpreisträger. Auch Kreativität, Sportlichkeit oder Charisma sind keine Erfolgsgaranten. Zuverlässigkeit hingegen schon. Wenn Sie zuverlässig sind, können Sie gar nicht fallen – es gibt kein Lügengebäude, das unter Ihnen einstürzen könnte. Selbst wenn Sie über einen himmelhohen Intelligenzquotienten verfügen sollten oder über galaktisches Talent – warum nicht außerdem noch verlässlich sein? Das kostet Sie nämlich nichts. Ja, alle brillanten und kreativen Menschen, die ich kenne – von Stararchitekten über Nobelpreisträger bis hin zu internationalen Musikern –, sind ausgesprochen zuverlässig. Das macht sie nicht weniger »cool« – im Gegenteil. Unzuverlässigkeit ist uncool!

Der schottische Moralphilosoph Adam Smith, im 18. Jahrhundert als Begründer der Nationalökonomie bekannt geworden, machte die Arbeitsteilung für den Wohlstand verantwortlich. Später kam die Rolle der Innovation hinzu. Doch auch hier – auf dem nationalökonomischen Parkett – wird der heimliche Erfolgsfaktor »Zuverlässigkeit« gern vergessen. Acht Milliarden Konsumenten auf der Erde, hundert Millionen Unternehmen, zehn Millionen verschiedene Produkte, Billionen von Warenströmen. Das funktioniert nur mit einem extremen Maß an Verlässlichkeit. Verträge regeln die Zuverlässigkeit im Großen. Liefert eine Firma nicht fristgemäß oder in der nötigen Qualität, kann man sie verklagen. Zuverlässigkeit im Kleinen regelt sich über Reputation. Und die gerät im Internetzeitalter schnell in Wanken. Dazu Warren Buffett: »Es dauert zwanzig Jahre, einen Ruf aufzubauen, und fünf Minuten, ihn zu ruinieren.«

Hatte man früher seine Reputation verspielt, konnte man in eine andere Stadt ziehen und wieder neu anfangen. Heute geht das nicht mehr. Ihre Reputation können Sie genau einmal verspielen. Das heißt, der Wert Ihrer Verlässlichkeit ist – ökonomisch gesprochen – der summierte abdiskontierte Cashflow Ihres restlichen Berufslebens. Rechnen Sie's mal nach – das geht schnell in die Millionen. Kleiner emotionaler Benefit: Es geht nicht nur allen anderen besser, wenn Sie zuverlässig sind, sondern auch Ihnen selbst. Das Gefühl, sein Wort zu halten, ist eines der schönsten überhaupt. Unzuverlässigkeit gehört auf die Not-To-Do-Liste.

4

SEIEN SIE EIN ARSCHLOCH

Sind Sie schon für Ihre Arroganz bekannt? Sehr gut. Dann setzen Sie noch einen drauf. Es gibt keinen direkteren Weg in ein miserables Leben, als sich wie ein Arschloch aufzuführen. Das funktioniert besonders gut, wenn Sie weder Aristoteles heißen noch einen Nobelpreis besitzen. Abgesehen davon, spielt es aber keine Rolle, ob Sie reich oder arm sind, wichtig oder unwichtig, schön oder nicht – Arsch bleibt Arsch. Was zeichnet nun ein richtiges Arschloch aus? Hier meine Empfehlungen: Hören Sie niemals zu, wenn andere etwas erzählen. Sie wissen es ohnehin viel besser. Wenn Ihnen jemand Feedback gibt, sagen Sie ihm, er soll in den Spiegel schauen. Zeigen Sie niemals Dankbarkeit. Beteuern Sie, dass Sie selbst ohne die Hilfe der Menschen um Sie herum dort wären, wo Sie jetzt sind. Wenn Sie in einem Team arbeiten, teilen Sie keine Lorbeeren mit den anderen. Schieben Sie stattdessen Verantwortung ab, wenn etwas schiefläuft. Es kann nicht an Ihnen liegen.

Zelebrieren Sie Ihr monumentales Ego. Lassen Sie sich von einem Starfotografen ablichten, und hängen Sie die Bilder im Büro auf. Gefallen Sie sich – so stellen Sie sicher, dass Sie garantiert immer jemand mag. Lassen Sie kleine Statuen von sich anfertigen. Das ist heutzutage dank 3-D-Druckern keine Hexerei mehr. Stellen Sie ein Exemplar auf Ihren Schreibtisch – Sie können immer noch so tun, als sei's ironisch gemeint. Die restlichen Kopien eignen sich als Mitbringsel, falls Sie kein eigenes Buch zu verschenken haben.

Achten Sie auf Ihren Tonfall und Ihre Körpersprache: Beide sollten möglichst herablassend sein. Stellen Sie sicher, dass Sie respektlos kommunizieren. Eine abfällige Bemerkung, ab und zu hingeworfen, wirkt immer. Von Ihren sagenhaften Erfolgen zu berichten, genügt nicht. Ich rate Ihnen selbst bei den kleinsten Siegen zur Prahlerei. Versetzen Sie sich niemals in die Lage anderer. Nehmen Sie ausschließlich Ihre eigene in den Blick. Aber verlangen Sie von den anderen, sich in Ihre Lage zu versetzen, damit sie Ihre Perspektive besser verstehen. Ob Sie Großes oder Kleines erreichen – bleiben Sie unbescheiden. Denken Sie daran, dass Erfolg immer das Ergebnis eigener Kompetenz und Misserfolg immer das Ergebnis externer Faktoren ist. Und schließlich: Bieten Sie anderen Ihre Unterstützung nur an, wenn eine klare Gegenleistung zu erwarten ist.

Der amerikanische Investor Charlie Munger erzählt diese Geschichte: Bei einer Beerdigung rief der Pfarrer die Trauergemeinde auf, etwas Nettes über den Verstorbenen zu sagen. Niemand meldete sich. Nach langer Zeit meldete sich eine Person und sagte: »Sein Bruder war schlimmer.« Nehmen Sie sich daran ein Vorbild. Ihr Ziel muss es sein, dass die Menschen, die zu Ihrem Begräbnis kommen, nur aus einem Grund kommen – um sicherzugehen, dass Sie wirklich tot sind.

Die leise Stimme der Vernunft

Arroganz ist einfach. Bescheidenheit ist schwierig. Besonders wenn man etwas erreicht hat. Weil wir unsere eigenen Erfolge subjektiv stärker erleben als die Erfolge anderer, neigen wir dazu, sie zu überschätzen. Deshalb folgt die Arroganz dem Erfolg oft auf dem Fuß. Ich kam zu spät, als der liebe Gott die Tugend der Bescheidenheit verteilte, deshalb musste ich sie mir rational aneignen. Wenn man es konsequent durchdenkt, ist Erfolg ausschließlich das Ende einer langen Kette von Zufällen – für die man selbst überhaupt nichts kann. Also darf man sich darauf nichts einbilden.

Hinzu kommt, dass menschlicher Erfolg fast immer das Ergebnis von Kooperation ist. Allein schaffen wir nichts, zusammen fast alles. Schauen Sie sich um: Keine einzelne Sache – weder Buch, Kugelschreiber, Schuhe, Wandfarbe, Fensterscheibe, Glühbirne noch iPhone – hat irgendein Mensch allein hergestellt. Nicht einmal sich selbst haben Sie erschaffen, sondern es waren Ihre Eltern, und die hatten wieder Abertausende von Vorfahren. Kurzum: Alles, was Sie schaffen, leisten Sie mithilfe von tausend anderen Menschen – die Sie zum Teil kennen, aber zum größten Teil nicht. Bescheidenheit, Nettigkeit, Dankbarkeit und Wertschätzung sind deshalb nicht nur taktisch vorteilhaft, sondern sogar vernünftig und wahrhaftig.

Die Mayo Clinic ist die qualitativ führende Krankenhauskette in den USA. Bei jedem Bewerbungsgespräch – von Sekretärin bis Star-Chirurg – werden die Wörter

»Ich« und »Wir« gezählt.Überwiegen die »Ichs«, ist das ein sicherer Indikator, dass der Bewerber nicht teamfähig ist und damit nicht in ein Krankenhaus passt.

Fazit: Je kleiner Ihr Ego ist, desto besser wird Ihr Leben sein. Und wenn Sie ein Arschloch sind, dann haben Sie es verdient, als solches behandelt zu werden.

5

HEGEN SIE HOHE ERWARTUNGEN

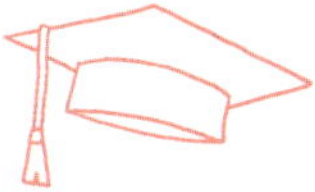

Stellen Sie höchste Erwartungen an sich selbst und an andere. Dieser goldene Weg zu einem jämmerlichen Leben funktioniert immer und überall. Als der amerikanische Investor Warren Buffett nach dem Geheimnis einer stabilen Ehe gefragt wurde (seine erste hielt 52 Jahre, seine zweite läuft), nannte er nicht etwa Qualitäten wie Schönheit, Intelligenz, Tüchtigkeit oder emotionale Stabilität, die die Partnerin auszeichnen sollte, sondern »low expectations« bei einem selbst. Niedrige Erwartungen seien der beste Garant einer langen, glücklichen Partnerschaft. Wenn Sie also Ihre Beziehung in den Sand setzen wollen, sorgen Sie dafür, dass Sie höchste Erwartungen an Ihren Lebenspartner hegen und, noch wichtiger, dass er oder sie höchste Erwartungen an Sie hegt. Ihre Ehe wird den Kurzzeitrekord einheimsen.

Was für Ehen gilt, gilt auch ganz allgemein. Je höher Ihre Erwartung – an ein Buch, einen Film, einen Freund, die Regierung, an Ihre Gesundheit, den menschlichen Fortschritt oder schlicht an diesen heutigen Tag –, desto größer wird Ihre Enttäuschung sein. Falls Sie Kinder haben, legen Sie die Messlatte so hoch Sie nur können, gerade wenn die

Kinder noch klein sind. Die Chance, dass Sie einen Leonardo da Vinci oder eine Marie Skłodowska, die spätere Madame Curie und zweifache Nobelpreisträgerin, in die Welt gesetzt haben, ist minimal. Ihre Kinder werden Sie also garantiert enttäuschen – und das auch zu spüren bekommen. Damit legen Sie gleich in den ersten Jahren die Basis einer spätestens in der Pubertät komplett zerrütteten Beziehung.

Die leise Stimme der Vernunft

Ihr Hirn generiert Erwartungen, ob Sie es wollen oder nicht. Die meisten Forscher gehen davon aus, dass es dies nach der sogenannten »bayesschen« Methode tut – so benannt nach Thomas Bayes, einem englischen Mathematiker des 18. Jahrhunderts. Und die funktioniert so: Unser Gehirn vermutet, dass ein bestimmtes Ereignis mit einer gewissen Wahrscheinlichkeit eintrifft. Doch durch neue Erfahrungen wird diese Wahrscheinlichkeit laufend angepasst – so wie eine Software laufend upgedatet wird.

Ein Beispiel: Wenn Sie die WC-Spülung betätigen, erwarten Sie, dass Wasser aus dem Spülkasten herunterschießt. Nach einigen Wiederholungen hat Ihr Hirn gemerkt, dass das so gut wie immer passiert, und berechnet eine korrekte Wahrscheinlichkeit irgendwo zwischen 99 und 100 Prozent. Viel schwieriger ist das natürlich bei Dingen, die selten oder sogar zum ersten Mal passieren: beim ersten Sex, beim ersten Studium, dem ersten Kind, dem ersten Jobwechsel, bei der Gründung eines Start-ups oder einer Weltreise. In diesen Fällen kann unser Hirn nicht auf erlebte Häufigkeiten zugreifen. Also stützt es seine Schätzung auf Hoffnungen, und die sind definitionsgemäß zu hoch angesiedelt, sonst wären es keine Hoffnungen.

Sollten Sie sich also ein Leben in Zufriedenheit zum Ziel gesetzt haben, empfehle ich Ihnen bei neuen Erfahrungen folgende Schritte: Beziffern Sie Ihre Hoffnung auf einer Skala von 0 (totaler Reinfall) bis 10 (himmelhohe Erfüllung). Ziehen Sie dann bewusst drei Punkte ab. Sie ersparen sich damit viele Enttäuschungen und erleben ab und zu eine freudige Überraschung - wenn die Realität Ihre tief gesetzte Erwartung übertrifft. Das Wichtigste aber: Schauen Sie zu, dass Ihre engsten Vertrauten - zum Beispiel Ihr Lebenspartner - die Erwartungen an Sie tief halten. Das ist knifflig - Sie können ja nicht in deren Hirn rumdoktern. Aber Sie können Ihrem Gegenüber von Anfang an reinen Wein einschenken. Verstellen Sie sich also beim ersten Date nicht, sondern geben Sie sich, wie Sie wirklich sind - und vermutlich auch ein Leben lang bleiben werden. Sie müssen nicht als stinkender Volltrottel auftreten, nur um die Erwartungen zu dämpfen, aber lassen Sie Ihre schlechten Eigenschaften unbedingt durchschimmern. Schon nach wenigen Monaten - wenn die Beziehung so lange hält - wird das »bayessche Hirn« Ihres Lebenspartners Sie ohnehin in etwa richtig einschätzen, ob Sie es wollen oder nicht.

Falls er oder sie sich sogar für eine Ehe mit Ihnen entscheidet, empfehle ich Ihnen und Ihrem Ehepartner, Romane zu lesen. Und ja, ich meine nicht jene Romane mit den gold-rosa glänzenden Umschlägen, die Sie am

Kiosk kaufen können, sondern Literatur, große Literatur. Darin geht es ja meist um zerrüttete Beziehungen. Durch den Kontrasteffekt wird Ihre Frau oder Ihr Mann Sie dann vielleicht doch als eine Art Märchenprinz beziehungsweise -prinzessin sehen …

6

LEBEN SIE IN DEN TAG HINEIN

Haben Sie den heutigen Tag durchgeplant? Aber wozu? Wollen Sie wirklich so viel erreichen? Betrachten Sie die Punkte auf Ihrer To-do-Liste lieber als Wunsch, als Anflug von Hoffnung, als etwas rollend Fakultatives. Schreiben Sie Listen nicht für sich, sondern für eine gute Fee, die sie vielleicht für Sie abarbeitet. Oder auch nicht, ist doch egal. Am besten, Sie lassen die Planung gleich bleiben; Sie setzen sich damit nur unter Druck.

Bleiben Sie lieber offen für Spontanes, denn dafür ist Ihr Hirn konstruiert. Wenn Sie planlos durch die Welt laufen, wird es am laufenden Band Ideen ausspucken. Tagesplanung – ja, Planung überhaupt – ist hingegen etwas fundamental Unnatürliches. Wir sind evolutionär nicht dafür vorbereitet. Oder können Sie sich an eine prähistorische Fundstätte erinnern, an der je eine To-do-Liste entdeckt worden ist?

Ein durchgeplanter Tag raubt Ihnen jegliche Möglichkeit für Kreativität. Wie ein Deckel auf einer Flamme erstickt die Planung Ihre zündenden Ideen. Zwar sind 99,9 % Ihrer Ideen erstickenswert, aber die Wahrscheinlichkeit eines umwerfenden Einfalls ist größer als null. Und wer weiß – vielleicht ist genau dieses eine Promille die Idee für Ihren Roman von Weltrang oder für die Rettung des Planeten.

Ohnehin bedeutet jedes Zeitmanagement ja selbst immer schon Zeitaufwand. In dieser Zeit hätten Sie schon einiges erledigen können – zum Beispiel Sonderangebote auf Amazon checken oder Ihr Frühstück auf Instagram posten. Wollen Sie ein bedauernswertes Leben, dann bleiben Sie frei von Planung!

Die leise Stimme der Vernunft

Erfolgreiche Menschen erteilen sich selbst Befehle. Der Unternehmer reserviert sich am Morgen zwei Stunden, geht durch seine Adresskartei und ruft potenzielle Kunden an, auch wenn er lieber mit ChatGPT plaudern würde. Der Schriftsteller reserviert sich einen 6-Stunden-Block und setzt sich hin, auch wenn er keine Lust hat. Die US-amerikanische Autorin Julia Alvarez sagte einmal: »Wenn ich jeden Morgen aufwachen und entscheiden müsste, ob ich schreiben möchte, hätte ich in neun von zehn Fällen keine Lust dazu.« Kurzum, Schreiben ist ein Kampf. So geht es allen Schriftstellern, die ich kenne. General Eisenhower war dafür bekannt, zu sagen: »I gave myself an order.« Was er sich vornahm, behandelte er wie einen Befehl eines militärisch Vorgesetzten. Widerspruch zwecklos.

Vor 150 Jahren trat ein Mann an John Pierpont Morgan heran, den damals reichsten Menschen der Welt, hielt einen Umschlag hoch und sagte: »Sir, in meiner Hand halte ich eine garantierte Erfolgsformel, die ich Ihnen gerne für 25 000 Dollar verkaufen würde.« (Etwa eine halbe Million Dollar in heutiger Währung.) »Sir«, antwortete Morgan, »ich weiß nicht, was in dem Umschlag steckt; wenn Sie es mir jedoch zeigen und es mir gefällt, gebe ich Ihnen mein Wort als Gentleman, dass ich Ihnen das Geforderte bezahlen werde.« Der Mann überreichte ihm den Umschlag. Morgan öffnete ihn, zog ein Blatt Papier heraus und zahlte ihm die vereinbarten 25 000 Dollar. Auf dem Papier stand: »Schreibe jeden Morgen eine Liste mit all den Dingen, die an diesem Tag erledigt werden müssen. Und erledige sie.«

Ich kenne keinen erfolgreichen Menschen, der seinen Tag nicht plant – und zwar in Stunden- oder Halbstunden-Blöcken. To-do-Listen ohne Zeitangabe genügen nicht. Tragen Sie die Tasks in Ihren Tagesablauf ein, als wären es wichtige Meetings – mit sich selbst. Das zwingt Sie dazu, zu schätzen, wie viele Zeitblöcke jede einzelne Arbeit erfordert, wie viele in einen Tag passen und welche Tasks Sie just am Morgen anpacken sollten, wenn das Hirn noch frisch ist – nämlich die anstrengendsten.

Die einzige Krux mit der Planung, selbst mit detaillierter, ist, dass die meisten Menschen sich zu viel vornehmen. Wir sind notorisch »overconfident«, was unsere Kapazitäten betrifft. Das ist aber nicht so schlimm. Hauptsache, Sie halten sich an Ihren Marschplan, auch wenn er hinten raus nicht ganz aufgeht. Was übrig bleibt, verschieben Sie – aber nicht auf irgendwann, sondern konkret, am besten gleich auf den nächsten Morgen. Dann wachen Sie auf, schauen in den Spiegel und sagen sich: »Zu Befehl!«

7

DAS GEHEIMNIS EINER SCHLECHTEN EHE

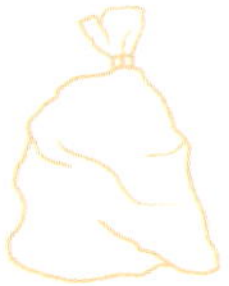

Falls Ihre Beziehung im Grunde intakt ist, Sie sie aber unbedingt in den Sand setzen möchten, beherzigen Sie die folgenden Tipps:

Halten Sie nie mit Kritik zurück! Das komplett überflüssige neue Dekorationsstück, das Ihre Frau in einem der komplett überflüssigen Läden ausgesucht hat und das nun die allerletzte horizontale Fläche Ihrer Wohnung belegt: Was soll der Quatsch? Überhaupt dieser Wildwuchs von Lampen, Teelichtern, Kerzen, Zimmerpflanzen, Kissen, Nippes, all das Zeug, das keinen praktischen Nutzen stiftet – das müssen Sie sofort monieren, bevor es einen festen Platz gefunden hat und Ihrer Frau im dümmsten Fall ans Herz gewachsen ist. Wenn das nicht reicht, beginnen Sie, heimlich Sachen wegzuwerfen, aber so, dass es trotzdem auffällt. Als Frau wiederum kaufen Sie alles, was Ihr Mann wegwirft, sofort doppelt nach – und zwar mit seiner Kreditkarte.

Zeigen Sie in Wort und Tat, was Sie vom Ordnungssinn Ihres Partners oder Ihrer Partnerin halten. Wenn Sie ausgeruht von einer Geschäftsreise zurückkehren, beschweren Sie sich als Erstes über die herumstehenden Wäschekörbe.

Falten Sie demonstrativ all die Kartons der verschiedenen Onlineshops zusammen, die sich in Ihrer Abwesenheit angesammelt haben. Und zum Geburtstag schenken Sie Ihrem Partner: Magic Cleaning – Wie richtiges Aufräumen Ihr Leben verändert *von Marie Kondo.*

Auf etwaige Sorgen Ihrer ehemals großen Liebe antworten Sie am besten überhaupt nicht. Falls der Partner sich mit Ihrem Schweigen nicht abspeisen lässt, bleiben Sie emotionslos. Bei Fragen wie »Sehe ich alt aus?«, hat sich bewährt: »So alt, wie du halt bist«. Bei: »Wie findest du mein neues Kleid« – ist ein »Gut«, das Sie murmeln, ohne von Ihrem Handy aufzuschauen, der beste Konflikt-Katalysator. Sollte in Ihrer Straße ein Supermodel wohnen und Ihr Lebenspartner fragen: »Findest du ihn/sie attraktiver als mich?«, antworten Sie ehrlich.

Schwärmen Sie von der Herzlichkeit, Schönheit, Ausstrahlungskraft und dem Erfolg der Nachbarn, und geben Sie der Tatsache Ausdruck, dass Ihr Lebenspartner da nicht mithalten kann. Überhaupt unternehmen andere Väter und Mütter viel mehr mit ihren Kindern und »bringen sich viel besser in die Ehe ein« – was auch immer das genau heißen mag. Lassen Sie beiläufig fallen: »Manchmal wünschte ich, du wärst wie X«, wobei X am besten jemand aus Ihrem gemeinsamen Bekanntenkreis ist. Beanstanden Sie Dinge, die definitionsgemäß nicht zu ändern sind: »Wenn du jemand anders wärst, wäre es angenehmer mit dir.«

Abschätzige Bemerkungen helfen immer, eine Ehe an die Absturzkante zu manövrieren. Auf ein aufwendig zubereitetes Abendessen sagen Sie: »Schatz, konzentriere dich besser auf deine Kernfähigkeiten.« Oder: »Schau mal, da drüben steht die gut aussehende Version von dir.«

Geben Sie Ihre Fehler niemals zu, sondern gehen Sie immer gleich zum Gegenangriff über, am besten mit dem Wörtchen »aber«. Auf den Satz: »Du bist zu spät«, kontern Sie: »Aber immerhin habe ich eine Frisur.« Generell sollten Sie eine Partnerbeziehung als ein Nullsummenspiel betrachten – die »Verluste« des einen Partners entsprechen den »Gewinnen« des anderen. Und zu guter Letzt: Haben Sie eine Affäre! Wenn Ihr Lebenspartner Ihnen auf die Schliche kommt und Ihnen eine Szene macht, antworten Sie souverän: »Jetzt überreagierst du aber.«

Die leise Stimme der Vernunft

Die Qualität Ihres Lebens hängt maßgeblich von zwei Dingen ab: von der Qualität Ihrer Gedanken und der Qualität Ihrer Beziehungen. Auf die Qualität Ihrer Gedanken kommen wir in anderen Kapiteln zu sprechen. Was die Qualität der Beziehungen betrifft, ist die wichtigste die Qualität Ihrer Lebenspartnerschaft. So viel Zeit und gute oder eben schlechte Momente verbringen Sie mit niemandem sonst. Wenn Ihre Ehe jämmerlich ist, ist Ihr Leben jämmerlich. Das können Sie weder mit Geld noch mit Status wettmachen. Die Forschung bestätigt eindeutig: Lieber keine Beziehung als eine schlechte.

Zwei Überlegungen hierzu. Erstens: Eine konfliktlose Beziehung gibt es nicht und sollte es auch nicht geben, weil der tiefere Sinn der Ehe gerade darin besteht, dass zwei Hirne, die verschieden gebaut sind, allerlei Probleme (Alltag, Kinder, Einkommen, Krankheiten) besser lösen können als ein einzelnes allein oder aber als zwei identische. Die natürliche Nebenwirkung dieser Zusammenarbeit sind kleinere Konflikte.

Zweitens: Wenn Sie vom lockeren Dating zur festen Beziehung umsteigen, bedeutet das: Sie hören bewusst auf zu optimieren. Sie »traden« nicht mehr, sobald etwas vermeintlich Besseres vorbeikommt. Sie investieren Ihre Energie in die Partnerschaft, die Sie eingegangen sind – so wie ein Unternehmer seine Energie in sein Unternehmen investiert und nicht ins Handeln von Aktien. Das zahlt sich langfristig aus – in beiden Fällen. »Be loyal or stay single. It's that simple.«

8

GEBEN SIE MÖGLICHST SCHNELL AUF

Das Leben ist hart. Scheitern ist unvermeidlich – im Privatleben ebenso wie im Beruf. Nur Verrückte akzeptieren das nicht und machen trotz Rückschlägen immer weiter. Pflegen Sie lieber die Kunst des noblen Aufgebens. Nicht aus Frustration, sondern als Bestandteil eines größeren Plans. Ganz so, als hätten Sie es schon immer vorgehabt. Vergessen Sie den Rat Ihrer Großmutter: »Aufstehen, Krönchen richten, weitermachen.« Ich empfehle Ihnen das Gegenteil: »Liegen bleiben, Krönchen wegwerfen, heulen.« Schämen Sie sich nicht für Ihren Defätismus. Das Leben ist hart und Ihre Niedergeschlagenheit also nur ehrlich und authentisch. Warten Sie auch nicht lange, bis Sie die Waffen strecken. Ja, seien Sie der Erste, der kapituliert. Das verschafft Ihnen den entscheidenden Wettbewerbsvorteil im Rennen um eine jämmerliche Existenz.

Wenn ein Vorkommnis Sie aus der Bahn wirft, sollten Sie dies als unmissverständliches Signal zum sofortigen Aufgeben verstehen. Bleiben Sie einfach am Boden liegen. Gönnen Sie sich eine gehörige Portion Selbstmitleid – sicher ist alles wie immer unfair zugegangen. Danach suchen Sie sich ein anderes Betätigungsfeld. Beackern Sie dieses aber höchstens so lange, bis Ihnen etwas Unangenehmes widerfährt. Besser noch: Geben Sie auf, bevor das geschieht – dann müssen Sie es nämlich nicht erleben.

Am allerbesten verwenden Sie Ihre Zeit auf etwas, bei dem Sie unmöglich scheitern können: Checken Sie zum Beispiel Ihre Wetter-App, oder scrollen Sie sich durch Ihren TikTok-Feed. Geheimtipp: Solange Sie ausschließlich konsumieren, können Sie gar nicht versagen. Das ist eine goldene Gelegenheit, denn zum ersten Mal in der Hunderttausende von Jahren währenden Geschichte der Menschheit ist es heute möglich zu existieren, ohne zu scheitern. Dieses Wohlgefühl, ja, dieses Entzücken, ein Paket zu öffnen, das man am Vortag online mit einem Klick bestellt hat! Wie könnte man da überhaupt scheitern? Das sind paradiesische Zustände – wie im Garten Eden, bevor sich jemand an den Äpfeln des Baums der Erkenntnis vergriffen hat.

Die leise Stimme der Vernunft

Wer ein garantiert unglückliches Leben führen möchte, gibt bei der ersten Schwierigkeit auf, spätestens aber bei der zweiten. Ich kenne niemanden, und Sie kennen bestimmt auch niemanden, der oder die nicht schon mal so richtig gestrauchelt ist. Das ist einfach der Topografie des Lebens geschuldet: Es ist voller Gruben, und die Gruben sind schlecht kartografiert. Doch es gibt eine zweite Kategorie von Gruben: jene, in die Sie purzeln, während Sie die Kenntnisse in Ihrem Kompetenzkreis vertiefen. Damit ist Folgendes gemeint: Egal, welche Karriere Sie anstreben, Sie werden nur in einer Nische erfolgreich sein. Das ist eines der fundamentalen Gesetze der Lebensführung. In diesem Kompetenzkreis sollten Sie absolut top sein. Die Effizienz – und damit das Einkommen – steigt überproportional mit Ihren Fähigkeiten an. Ein super Programmierer ist nicht doppelt so effizient wie ein durchschnittlicher, sondern tausendmal so effizient. Dito bei Anwälten, Sportlern, Schriftstellern, Unternehmensgründern und Investoren. Bedeutet: Sie sollten alles daransetzen, höchste Meisterschaft in Ihrer Nische zu erlangen. Idealerweise sind Sie der oder die Beste – und zwar weltweit.

Doch beim Ausbau Ihrer Meisterschaft werden Sie zwangsläufig in Gebiete vorstoßen, wo es keine Lehrer mehr gibt, keine Anleitungen, keine Beispiele zum Abkupfern. Wo Sie ausschließlich über Versuch und Irrtum weiterkommen. Genau hier beginnt die Stufe, auf der Sie großen Wert schaffen und deshalb beharrlich bleiben müssen. Der Erfinder Thomas Edison war in diesen Bereich vorgestoßen: Er benötigte über tausend Versuche, bevor er das funktionierende Modell einer Glühbirne fand. Sein berühmtes Zitat beschreibt den richtigen Mindset: »Ich bin nicht gescheitert, ich habe nur tausend Wege gefunden, die nicht funktionieren.« Hartnäckigkeit zahlt sich aus. »Fail fast, fail often« – scheitern Sie schnell und oft – lautet diese Taktik im Silicon Valley.

Was aber, wenn irgendwann der Moment kommt, an dem Sie keinen Fortschritt mehr machen? Das hätte auch Edison passieren können. Ich habe diese Frage mit vielen Wissenschaftlern, darunter auch Nobelpreisträgern, diskutiert: Nach wie vielen Versuchen gibst du auf und versuchst einen total anderen Ansatz? Der Konsens unter den Gescheitesten dieser Welt: Es gibt keine klare Regel, aber der Punkt liegt eher bei tausend Stürzen als bei drei; eher bei zehn Jahren als bei drei Monaten. Also doch: Aufstehen, Krönchen richten, weitermachen!

9

PREDIGEN SIE WASSER, UND TRINKEN SIE WEIN

Hehre Ideale zu predigen ist schön und gut – aber kommen Sie auf keinen Fall auf die Idee, auch nach ihnen zu leben. Predigen Sie Wasser, und trinken Sie Wein – das ist die richtige Diät für ein miserables Leben. Deklarieren Sie mit romantisch verträumten Augen, wie wichtig Ihnen die Liebe zu Ihrer Partnerin oder Ihrem Partner sei, aber gönnen Sie sich auf Ihren Geschäftsreisen ruhig den einen oder anderen romantischen Ausflug. Fordern Sie strikte Compliance-Regeln – »Da lass ich nicht mit mir spaßen!« – aber seien Sie nicht so blöd, Nein zu sagen, wenn Sie von einem Klienten auf eine »Konferenz« in die Karibik eingeladen werden. Setzen Sie als CEO ein Kostensparprogramm durch, aber lassen Sie den Rotstift einen großen Bogen um Ihren Bonus machen. Fahren Sie demonstrativ im E-Auto zur Arbeit, aber gönnen Sie sich den Privatjet für den Urlaub. Fordern Sie lauthals einen weiteren Gotthardtunnel, während Sie gleichzeitig Ihre Porschesammlung im Steuer-Nirwana Liechtenstein pflegen. Bläuen Sie Ihren Kindern ein, wie wichtig Fleiß im Leben sei, während Sie Ihren Tag auf der Gartenschaukel verbringen, das Bier in der einen Hand, das Handy in der andern.

Doppelmoral funktioniert übrigens in zwei Richtungen. Sie können das Schwierige propagieren (zum Beispiel Alkohol-Abstinenz) und gleichzeitig das Einfache leben (Sie trinken, sobald Sie allein sind). Das ist die Normalvariante. Als wahrer Meister der Scheinheiligkeit täuschen Sie die Welt aber genau umgekehrt: Sie plädieren gönnerhaft für mehr Entspanntheit (»Dieser Fitnesswahn, komplett lächerlich«), pflegen aber heimlich eiserne Selbstdisziplin (Sie trainieren jeden Tag mindestens eine Stunde in Ihrem top eingerichteten Fitnessraum).

Weil alle Menschen ab und zu ein bisschen scheinheilig sind, empfehle ich Ihnen, die Spanne zwischen dem, was Sie sagen, und dem, was Sie tun, zu strecken. Je größer diese Kluft, desto größer die Herausforderung, sie vor den anderen zu verstecken – was den Reiz der Sache ausmacht. Für den ultimativen Kitzel heucheln Sie an mindestens einem Dutzend Fronten, sowohl im Privat- als auch im Geschäftsleben. Früher oder später werden Sie damit natürlich auffliegen. Was, wenn ein Freund Sie auf die Doppelmoral hinweist? Dann werfen Sie ihm einfach vor, er sei kein wahrer Freund. Ein wahrer Freund würde die Wahrheit niemals über die Freundschaft stellen!

Die leise Stimme der Vernunft

Alle Menschen sind scheinheilig. Auch ich. Sich hundertprozentig an die eigenen Prinzipien zu halten ist unmöglich. Aus zwei Gründen. Erstens, Prinzipien widersprechen sich. Sie möchten ein perfekter Familienvater sein, aber gleichzeitig Karriere machen? Das bekommen Sie leider nicht perfekt in Einklang. Sie möchten in der Öffentlichkeit stehen, aber gleichzeitig ein Privatleben haben? Geht leider nicht. Sie möchten eine offene Beziehung leben, aber gleichzeitig mit einer Person durch dick und dünn gehen? Sorry. Zweiter Grund: Unsere Willenskraft ist beschränkt. Und sie schwankt von Stunde zu Stunde.

Wie weit darf die Doppelmoral gehen? Ein Ökonom würde sagen: So weit der Grenznutzen der Scheinheiligkeit das Risiko des Reputationsverlusts plus den Verlust der Selbstachtung übersteigt. Ihre Reputation ist Gold wert. Das allein sollte Sie zwingen, die Scheinheiligkeit auf ein Minimum zu beschränken. Der zweite wichtige Begriff in der Formel ist die Selbstachtung. Ab wann können Sie nicht mehr in den Spiegel schauen? Da gibt es leider keine klare Grenze. Das Hirn ist eine Rationalisierungsmaschine, es versucht jeden Unfug, jede noch so verwerfliche Tat zu rechtfertigen. Der Schriftsteller Upton Sinclair: »Es ist schwierig, einen Menschen dazu zu bringen, etwas zu verstehen, wenn sein Gehalt davon abhängt, dass er es nicht versteht.« Wir sind unendlich flexibel in der Begründung unserer Handlungen, und mögen sie noch so grotesk falsch sein. Was wir brauchen, ist deshalb ein guter Freund, der uns direkt ins Gesicht sagt, wann wir die Grenze der landesüblichen Scheinheiligkeit überschreiten. Und vor allem: Hören Sie auf, sich über die Scheinheiligkeit der anderen aufzuregen! Die größte Scheinheiligkeit ist die Empörung über die Scheinheiligkeit der anderen. Die Verlogenheit gehört endgültig auf die Not-To-Do-Liste.

10

HALTEN SIE AN IHREN SCHLECHTEN GEWOHNHEITEN FEST

Niemand ist perfekt. Beginnen Sie ja nicht, es zu werden! Schlechte Gewohnheiten sind Teil Ihrer Persönlichkeit. Stehen Sie dazu. Bleiben Sie der, der Sie sind. Wenn die anderen versuchen, Sie davon abzubringen – meist unter dem scheinheiligen Vorwand, Ihnen helfen zu wollen –, dann geben Sie keinesfalls nach. Im Grunde wollen diese Leute Sie bloß nach ihrem eigenen Gutdünken formen. Werden Sie nicht zur Knetmasse in den Händen anderer.

Erfolgreiche Menschen wissen, dass das gute Leben mit dem Ausmerzen von Charakterschwächen zu tun hat. In den jungen Jahren arbeiten diese Leute an ihren Stärken, in den späteren Jahren an ihren Schwächen. Wenn Sie hingegen auf ein schlechtes Leben zielen, tun Sie weder das eine noch das andere. Stehen Sie zu Ihren toxischen Emotionen, zu Ihren realitätsfernen Gedanken, zu Ihren kontraproduktiven Verhaltensweisen. Sie unterbrechen jedes Gespräch, duschen selten und fluchen beim winzigsten Anlass? So what? Das sind Sie nun mal! Sie sind arrogant, nachtragend und achtlos? Genau das macht Sie aus!

Falls Sie noch auf der Suche nach sich selbst sind, werden Sie Ihren Persönlichkeitskern nicht in der Nähe Ihrer guten, sondern bei Ihren schlechten Gewohnheiten finden. Gute Gewohnheiten sind ein Zwangsprodukt der Zivilisation, also vollkommen unnatürlich. Das hätte selbst der Philosoph Jean-Jacques Rousseau unterschrieben. Trennen Sie sich selbst dann nicht von Ihren schlechten Gewohnheiten, wenn sie Sie nerven. Für ein miserables Leben ist es ratsam, sich selbst treu zu bleiben und nicht den Versuch zu unternehmen, ein besserer Mensch zu werden. Weisen Sie deshalb jeglichen Anflug von Selbstverbesserung weit von sich. Angepasste Biedermänner gibt es genug – ausgefallene Querköpfe wie Sie eben nicht!

Die leise Stimme der Vernunft

Benjamin Franklin, einer der Gründerväter der Vereinigten Staaten, war ein Genie. Und zwar ein Genie auf mehr als einem Gebiet – was kaum je vorkommt. Er war nachweislich einer der besten Staatsmänner des 18. Jahrhunderts. Er war einer der Top-Wissenschaftler seiner Zeit. Die meisten Begriffe, die wir mit Elektrizität verbinden – Batterie, Ladung, Entladung, Pluspol, Minuspol – stammen von ihm. Er schrieb die besten Pamphlete. Er war der erfolgreichste Medienunternehmer Amerikas. Er ist der Erfinder der Feuerversicherung, der Feuerwehr, des Blitzableiters und der Bifokalbrillen. Was wenige Menschen wissen: Er war keineswegs zufrieden mit all diesen herausragenden Leistungen, sondern ständig auf der Suche nach Selbstverbesserung. Im Alter von zwanzig Jahren entwickelte er einen Plan zur »Perfektionierung« seines Charakters. Er stellte eine Liste von dreizehn Tugenden auf, die er in seinem Leben kultivieren wollte – Dinge wie Fleiß, Sparsamkeit, entschlossenes Handeln oder die Vermeidung unnötigen Small Talks. Jeder einzelnen dieser dreizehn Tugenden widmete er sich eine Woche lang – praktizierte sie bewusst und konzentrierte sich darauf. Dann begann er den Zyklus wieder von vorne.

»Fähigkeiten«, sagte der legendäre amerikanische Basketballcoach John Wooden, »bringen dich an die Spitze, aber es ist Charakter, der dich oben hält.« Nun sind wir alle keine Franklins oder Woodens. Trotzdem sollten wir zumindest versuchen, uns von unseren schlechten Gewohnheiten zu trennen. Weil es schwierig ist, gleichzeitig an seinen Stärken und seinen Schwächen zu arbeiten (außer man heißt zufälligerweise Benjamin Franklin), empfehle ich: Arbeiten Sie an Ihren Stärken, wenn Sie jung sind. Mit über vierzig können Sie diese zwar noch vertiefen, aber kaum noch neue aufbauen. Wenn Ihre Stärken – Fähigkeiten, Mindsets, Arbeitsweisen – einmal etabliert sind, widmen Sie sich Ihren Schwächen und schauen zu, wie Sie sie loswerden können. Sie befinden sich dann zwar schon in der zweiten Lebenshälfte, und Charakterveränderung ist ein langwieriger Prozess, aber es lohnt sich.

Vielleicht beginnen Sie einfach mit dem Vermeiden von offensichtlichem Blödsinn: keine Alkoholexzesse mehr, kein Rauchen, kein Selbstmitleid, kein Klagen, kein Aufschieben wichtiger Aufgaben, keine großen Versprechungen, keine Unordnung und kein Geschwätz. Wenn Sie nur diese paar Dinge in den Griff kriegen, sind Sie den meisten schon weit voraus.

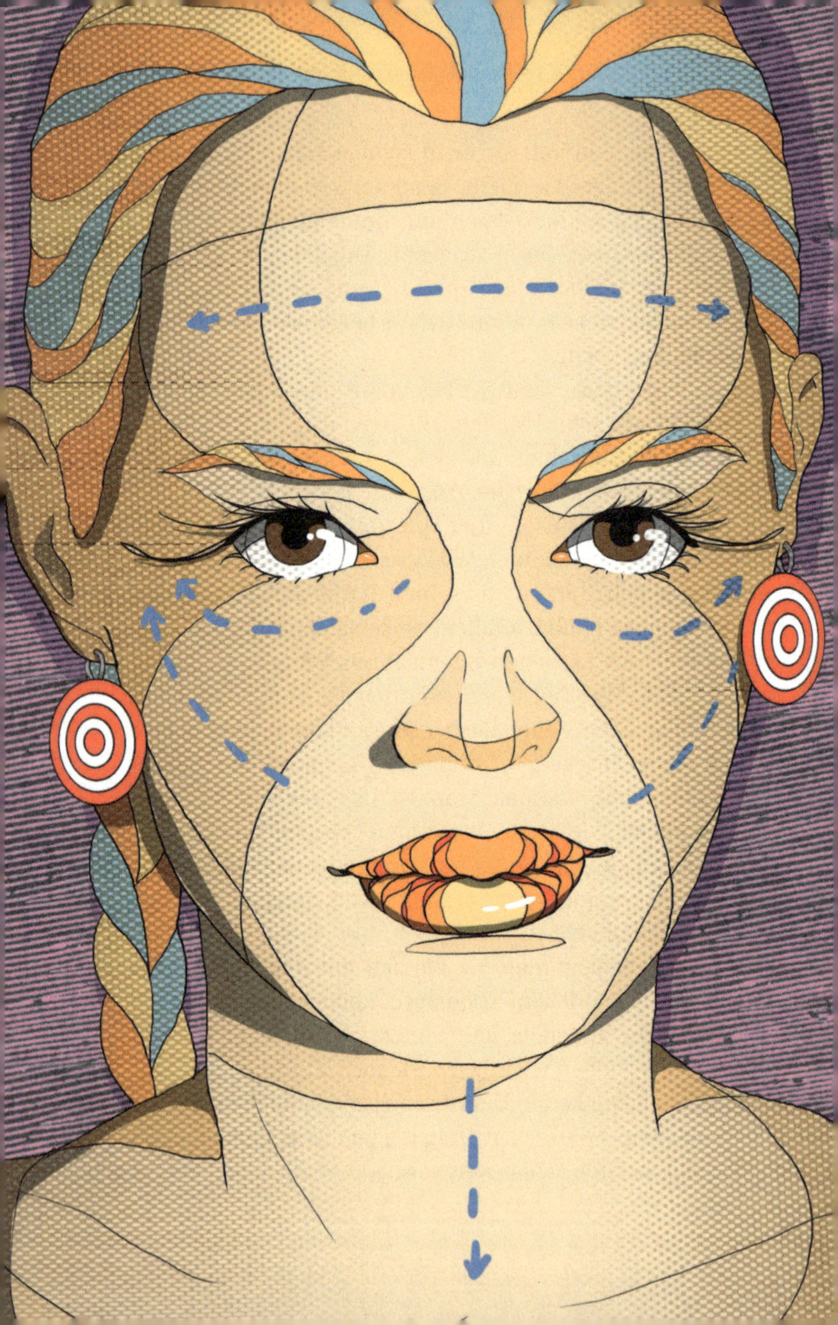

11

SETZEN SIE SICH IDIOTISCHE ZIELE

Wenn Sie ein schlechtes Leben anpeilen, empfehle ich Ihnen, sich blödsinnige Lebensziele zu setzen. Versuchen Sie zum Beispiel, ewig jung zu bleiben oder zumindest so aussehen zu wollen. Setzen Sie es sich zum Ziel, dass sich die jüngeren Leute (oder immerhin die Gleichaltrigen) auf der Straße nach Ihnen umdrehen. Gebieten Sie dem Altern machtvoll Einhalt, fahren Sie das ganze Arsenal an Kuren und Therapien auf, das Ihnen heutzutage zur Verfügung steht. Beginnen Sie sanft mit Hyaluron, steigern Sie sich zu Botox, runden Sie mit einem Anti-Falten-Lifting ab, probieren Sie die Laser-Therapie zur Anregung der Haarwurzeln, verwandeln Sie Ihre Charakternase in ein Stupsnäschen, spritzen Sie die Lippen etwas auf, operieren Sie so lange an Ihrem Gesicht herum, bis Sie aussehen wie tausend andere Frauen und Männer, die ihr Gesicht nicht in Ruhe lassen mochten. Werden Sie der Mann oder die Frau ohne Eigenschaften: Was auch immer entfernt an Sie erinnert, jede noch so kleine Charakteristik, gehört ein für alle Mal weggeglättet.

Oder steuern Sie Ziele an, bei denen die Rolle des Zufalls unheimlich hoch ist. Beabsichtigen Sie, Bundeskanzlerin zu werden, Literaturnobelpreisträger oder der nächste Einstein – und ich garantiere Ihnen, dass Sie zumindest eines erreichen werden: ein frustriertes Leben.

Oder peilen Sie irgendeinen anderen Blödsinn an, zum Beispiel den, in den Kreis der Prominenz aufsteigen zu wollen. Tun Sie alles, um so bekannt zu sein, dass Sie überall von fremden Menschen fotografiert werden. Dabei muss Ihre Prominenz nicht einmal auf einem Fundament stehen. Es gibt Tausende von grundlos Prominenten, die einfach nur prominent sind, weil sie eben prominent sind – ein mediales Perpetuum mobile, das Ihnen die Privatsphäre raubt und die Luft zum Leben abschnürt.

Die leise Stimme der Vernunft

So wie Tiere keine Lebensziele hegen, hatten die meisten Menschen bis vor wenigen Jahrzehnten keinen Anlass, sich den Kopf darüber zu zerbrechen. Das Überleben stand im Zentrum – ein sehr rationales Lebensziel. Für viele Menschen geht es noch heute darum: Fragen Sie jemanden, der an der ukrainisch/russischen Front kämpft, sich in den Slums von Nairobi durchschlägt oder zwischen den sich bekämpfenden Banden in Haiti versteckt. Nicht zu sterben ist hier das Ziel.

Sobald die persönliche Sicherheit – für sich selbst und die Familie – gegeben ist, öffnet sich ein Universum an Möglichkeiten. Man sollte meinen, damit würde das Leben einfacher. Leider ist das Gegenteil der Fall: Wir sind oft komplett überfordert von dieser Freiheit. Vier Überlegungen dazu.

Lebensziele sind fundamental unbegründbar. Sie lassen sich nicht aus den Naturgesetzen ableiten. Und sie verändern sich tendenziell mit dem Alter. Was Ihnen mit dreißig erstrebenswert schien, erscheint Ihnen mit sechzig fragwürdig. Grund: Ihr sechzigjähriges Ich hat mehr mit einem komplett fremden Sechzigjährigen gemein als mit dem Menschen, der Sie persönlich mit dreißig waren.

Diese Unschärfe bedeutet nicht, dass man Lebensziele nicht bewerten kann. Es gibt solche, die von vornherein zum Scheitern verurteilt sind. Wenn es Ihnen zum Beispiel darum geht, bis ins hohe Alter attraktiv auszusehen, haben Sie heute schon verloren. Das Rennen um das ewige Leben verlieren Sie mit Sicherheit ebenfalls – egal, wie viele Vitamintabletten Sie täglich schlucken. Auch das Streben nach dem allgegenwärtigen Glück oder nach Prominenz ist vergebens. Dass Sie als Social-Media-Star im globalen Rennen um Aufmerksamkeit irgendwann ausbrennen werden, ist Ihre Schuld – und komplett vorhersehbar. »Ich glaube, ich wollte gar nie Banker werden« – diesen Satz höre ich regelmäßig. Es gibt Ziele und Berufe (Anwalt und Schauspieler gehören auch dazu), die ein höheres Unzufriedenheitspotenzial in sich tragen als andere. Je früher man diese Unglücksbringer kennt, desto besser.

»Lebensziel« ist ohnehin nicht der sympathischste Begriff. Er evoziert das Bild einer Zielscheibe. Hat man danebengeschossen, ist man frustriert. Hat man das Ziel getroffen, stellt sich sofort die Wie-weiter-Frage. Eine neue Zielscheibe muss her. Statt von »Lebensziel« sollten wir besser von »Lebensrichtung« sprechen. Damit nähern wir uns dem an, was die stoischen Philosophen mit »Charakter« bezeichneten und was sich im Kern der Frage widmet: Zu welcher Art Mensch möchte ich mich entwickeln? Hierbei ist nur noch der Fehler zu vermeiden, dass man sich auf äußere Ziele versteift – Schönheit, Reichtum, Ruhm, Auszeichnungen, Bekanntheit, Popularität – statt auf innere.

Welche inneren Ziele lohnt es sich also anzusteuern? Seit über 2500 Jahren weiß man: Wenn es Ihnen gelingt, toxische Emotionen wie Wut, Neid, Selbstmitleid und ständige Nervosität aus Ihrem Repertoire zu streichen, und Sie sich rational und anständig verhalten, stellen sich Glück und Gemütsruhe von allein ein. Fazit: Die Richtung ist wichtiger als die Geschwindigkeit oder ein starr verfolgtes Lebensziel. Charakter-Arbeit ist das beste Investment, das Sie tätigen können, und die beste Lebensrichtung, die Sie ansteuern können.

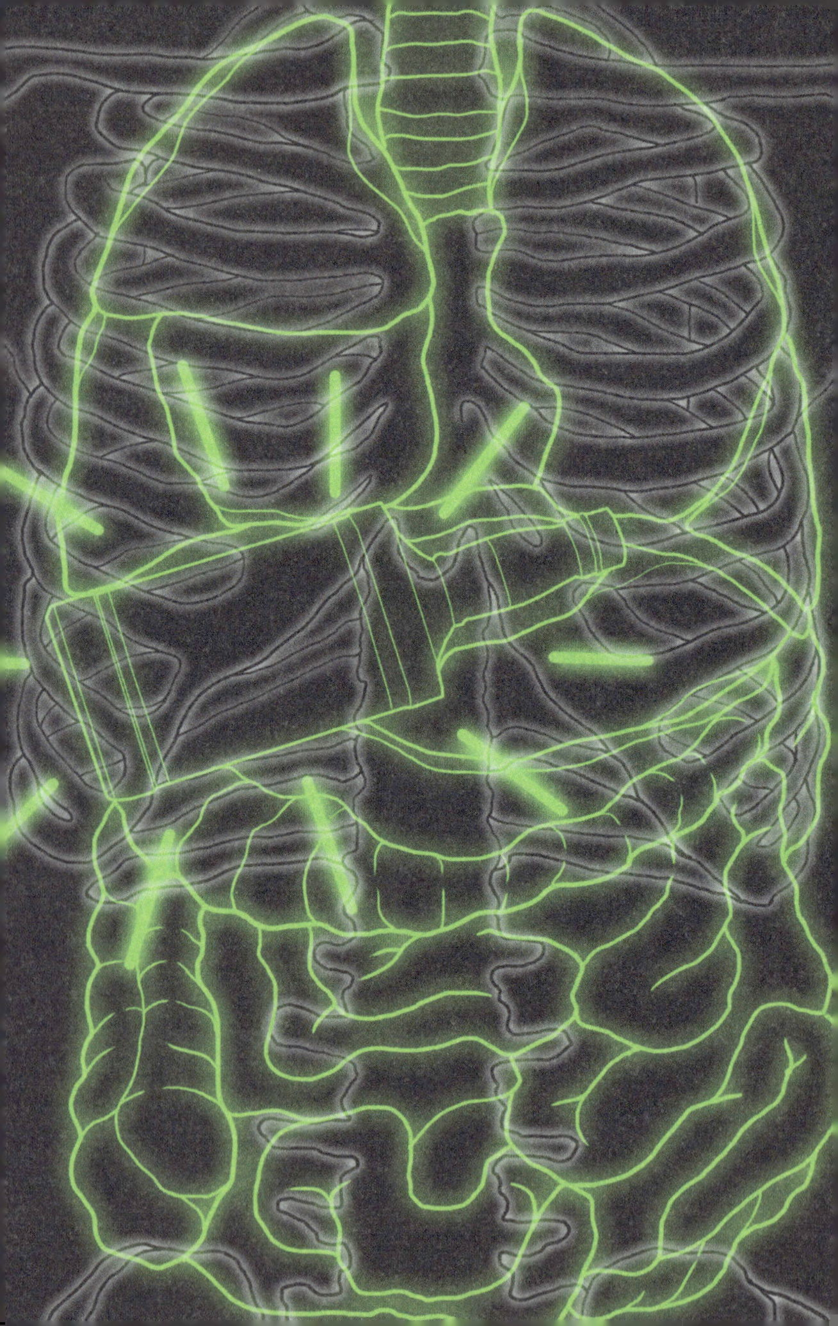

12

TRINKEN SIE SICH INS ELEND

Wasser ist zum Duschen da. Erhalten Sie den Feuchtigkeitsgrad Ihres Körpers über Alkoholisches! Nach einem anstrengenden Tag darf es schon mal ein Fläschchen Wein sein. Oder zwei. Wein – besonders kräftiger Rotwein – enthält Antioxidantien, was bekanntlich gut ist für die Zellen. Nutzen Sie diesen Gesundheitseffekt deshalb über den Tag verteilt, und beginnen Sie am besten schon am Mittag. Oder am Morgen. Starten Sie beschwingt in den Tag, vielleicht mit ein, zwei Gläschen Sekt, und sinken Sie am Abend mit etwas Schwerem in den wohlverdienten Sessel: Wodka zum Verdauen, Whiskey zum Runterkommen, Cognac zum Einschlafen.

Weil die Benefits von Alkohol nicht von allen gleichermaßen verstanden werden, müssen Sie die Flaschen womöglich vor Ihrer Frau oder Ihrem Mann verstecken. Mein Tipp: Hinter den Winterreifen in der Garage, mit nahezu perfektem Kellerklima. Und – bezahlen Sie die Ware immer mit Cash, sonst fliegen Sie bei der nächsten Kreditkartenabrechnung auf. Was tun mit den leeren Pullen? Da gibt's nur eins: regelmäßig entsorgen. Ein Berg leerer Flaschen ist leider genauso aufschlussreich wie ein Berg voller Flaschen.

Kann natürlich sein, dass Ihre Frau Sie trotz aller Vertuschungsaktionen nach ein paar Monaten aus dem Haus schmeißt. Dass Ihre Kinder nichts mehr mit Ihnen zu tun haben wollen, ebenso wenig wie Ihre Freunde – wer will schon Zeit mit einem Säufer verbringen? Sie müssen auch damit rechnen, dass Sie im Büro öfter mal die Contenance verlieren und dass Ihre Konzentration auf das Niveau eines Kleinkindes fällt. Man wird hinter Ihrem Rücken schwatzen. Irgendwann wird jeder merken, was los ist. Kurz darauf sind Sie arbeitslos und können die Alimente für Ihre Ex und die Kinder nicht mehr bezahlen.

All das ist aber kein Grund zur Sorge, auch dafür gibt es Strategien. Spekulieren Sie sich mit akrobatischen »Investments« aus Ihrem alkoholbedingten Ungleichgewicht. Ziehen Sie aufs Land, wo niemand Sie kennt. Halten Sie sich mit Gelegenheitsjobs über Wasser. Ab und zu, in luziden Momenten, werden Sie sich fragen, wie Sie bloß an diesen Punkt gelangt sind, wie Sie das Ihrer Familie antun konnten. Dann geben Sie sich einen Ruck, probieren zum zehnten Mal einen Entzug – und werden wieder rückfällig. Die Sucht ist stärker als Sie. Alles ist jetzt stärker als Sie. Und in Ihr seelisches Elend wird sich körperliches mischen wie Gin in Ihren Wermut. Dagegen hilft nur eins: eine Steigerung der Dosis. Bald sterben Sie an Leberzirrhose. Das war's – das perfekte jämmerliche Leben.

Die leise Stimme der Vernunft

In Deutschland gelten 1,6 bis 1,77 Millionen Erwachsene als alkoholabhängig. In der Schweiz sind es zwischen

250 000 und 300 000. Das ist mehr als die erwachsenen Einwohner von Bern und Basel zusammen. Den Wunsch, sich hin und wieder zu betäuben, hat jeder. Manchmal ist das Leben eine Zumutung. Die Misserfolge, die Erniedrigungen, die Schicksalsschläge, all diesen Shit für ein paar Stündchen zu vernebeln – sehr verlockend.

Aber Achtung: Alkohol als Selbstmedikation ist die erste Stufe des Abstiegs. Ich kenne zu viele Beispiele von Erfolg versprechenden Menschen, deren Leben der Alkohol wie eine Säure zerfressen hat. Das Perfide dabei: Trunksucht ist eine »slippery slope« – niemand wird von einem Tag auf den anderen zum Säufer. Man gleitet vielmehr unmerklich hinein. Was dieses Hineingleiten begünstigt: Sie müssen den Stoff nicht über dunkle Wege beschaffen, Sie bekommen ihn in jedem Supermarkt. Bei meinem regelmäßigen Morgeneinkauf fallen mir unrasierte alte Männer auf, die ein halbes Dutzend Hochprozenter aufs Förderband legen. Sie müssen das am frühen Morgen erledigen, solange es ihr Zustand noch erlaubt. Kein Blick straft sie. Sie kaufen die Flaschen, als wären's Croissants. Ihre Sucht ist gesellschaftlich akzeptiert.

Daher: Setzen Sie die Sauferei auf die Not-To-Do-Liste. Sobald Sie sich dabei ertappen, dass Sie trinken, um sich zu betäuben, hören Sie auf. Sofort. Keine Selbstmedikation! Es gibt bessere Hilfsmittel, um das Leben auszuhalten. Und reden Sie sich nicht ein, ein Gläschen Roter am Abend wirke gesundheitsfördernd. Die wissenschaftliche Evidenz dafür ist dünn. Wenn es Ihnen um die Gesundheit geht, gönnen Sie sich lieber ein Gläschen Granatapfelsaft. Der enthält noch mehr Antioxidantien als Wein.

13

MISCHEN SIE SICH IN FREMDE ANGELEGENHEITEN

Bei Ihren Nachbarn schwelt seit Jahren eine Ehekrise, die immer wieder in unterschiedlicher Intensität und Färbung ausbricht. Die Tochter des zerstrittenen Paares ist offenbar magersüchtig und musste in eine Klinik eingeliefert werden. Der Sohn hat mit fünfzehn seine zwanzig Jahre ältere Lehrerin geschwängert – die sich, da erzkatholisch, weigert, das Kind abzutreiben. Auch sonst ist in Ihrem Quartier einiges los: In Ihrer Straße wohnt jemand, dessen Sohn nicht zu seiner eigenen Hochzeit erschienen ist, weil er sich in die Schwester seiner Verlobten verliebt hat. Der lokale Regionalliga-Fußballtrainer hat im Hobbymarkt ein Werkzeugset samt vernickelten Schraubenziehern gestohlen – offenbar nicht zum ersten Mal –, um damit das Clubhaus zu renovieren. Und die Blockflötenlehrerin Ihrer Kinder wiederum soll dem Hausmeister der Schule beim Schuhebinden geholfen haben – so jedenfalls hat sie es den Kindern erklärt, die die beiden hinter dem Fahrradschuppen entdeckten.

Was für Skandale, was für Dramen! Da sollten Sie auf keinen Fall unbeteiligt bleiben. Mischen Sie sich sofort und überall ein – schließlich haben Sie zu alldem eine Mei-

nung und meistens auch schon einen Schuldigen im Kopf. Suchen Sie mit allen Beteiligten das Gespräch. Lassen Sie sich alle Seiten ausführlich erklären – oft ist die Wahrheit noch spektakulärer als gedacht. Denken Sie sich in die verschiedenen Akteure ein. Vermuten Sie die schlimmsten Motive.

Zeigen Sie Verständnis, spenden Sie allen Rat. Nur so erfahren Sie noch mehr Details. Intrigieren Sie ruhig auch ein bisschen, während Sie sich gleichzeitig als Vertrauensperson anbieten. Sie werden sehen: Das ist spannender als Netflix. Sie werden sich fühlen wie beim Dirigieren einer hochdramatischen Sinfonie. Sie werden die Schicksale der anderen hautnah miterleben, als wären es Ihre eigenen. Gleichzeitig sollten Sie auf keinen Fall wirklich helfen – die Show soll ja weitergehen. Ihr Job ist es, das Maximum an Drama aus Ihrer Umgebung rauszukitzeln und über alle zu urteilen. Führen Sie sich als Wohnzimmersesselrichter der anderen auf – so lange, bis diese irgendwann erkennen, wer Sie sind: ein kleiner, miserabler, gieriger Voyeur, der das Leben der anderen sabotiert, weil er selbst keines hat.

Die leise Stimme der Vernunft

Es gibt viele Gründe, warum sich Menschen gern in fremde Angelegenheiten einmischen. Erstens bieten Klatsch und Tratsch Einblicke in die Dramen der anderen – vor allem dann, wenn deren Leben komplett kaputt ist. Das lässt die eigenen Nöte sofort etwas weniger tragisch aussehen. Zweitens kann es äußerst unterhaltsam sein, Intrigen zu schmieden und Schicksale zu lenken. So entflieht man der eigenen Monotonie. Drittens: In ein großes oder kleines Drama eingeweiht zu sein gibt einem ein Gefühl von Wichtigkeit. Wer sich als Eingeweihter zu erkennen gibt, erlebt zumindest kurzfristig einen sozialen Boost. Schließlich gibt es noch einen vierten Grund, nicht bei allen, aber bei manchen: Wir glauben ernsthaft, dass wir helfen können.

So süß sich das auch anfühlt, lassen Sie es sein. Machen Sie einen weiten Bogen um die Dramen der anderen – selbst wenn Sie von der einen oder anderen Partei dazu eingeladen werden. Zwischenmenschliche Dramen wirken wie ein Strudel, der Sie hinunterziehen wird. Weil Sie vom ersten Moment des ersten Kontakts an nicht mehr objektiv sein können. Weil Ihre Ränkespiele Sie in den Augen Ihrer Freunde mit der Zeit abwerten werden. Weil Sie die Beziehungen zu den Hauptakteuren nicht beschädigen wollen – es gibt ja auch ein Leben nach dem Drama. Weil Ihre Zeit wertvoll ist und Sie mit Ihrem eigenen Leben garantiert genug zu tun haben, wenn Sie es ernst nehmen. Weil Sie die persönlichen Grenzen der anderen respektieren sollten. Und weil Sie sich nicht zur Zielscheibe von Vergeltungsmaßnahmen machen wollen.

Kurzum: Machen Sie es zum Prinzip, sich nicht in fremde Angelegenheiten einzumischen. »Leben und leben lassen« ist und bleibt eine vernünftige Devise. Wenn Sie ohne Klatsch und Tratsch nicht leben können, gönnen Sie sich ab und zu eine billige Illustrierte. Tauchen Sie in die Miseren der Königshäuser ein, ohne die Kosten zu bezahlen, die nachbarschaftliche Dramen verursachen.

Am allerwichtigsten aber: Geben Sie anderen selbst keinen Anlass, sich in Ihre eigenen Dramen einmischen. Setzen Sie klare Grenzen, und klären Sie Ihre Probleme in den eigenen vier Wänden. Ein Kammerspiel haben Sie schneller hinter sich als eine groß angelegte Oper.

N

14

LERNEN SIE AUSSCHLIESSLICH AUS IHRER EIGENEN ERFAHRUNG

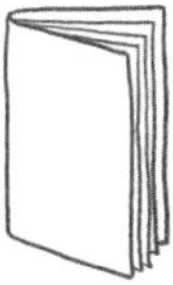

»Lernen Sie alles aus Ihrer eigenen Erfahrung, und minimieren Sie das, was Sie aus den guten und schlechten Erfahrungen anderer, lebender und toter Menschen lernen können. Dieses Rezept ist ein sicherer Garant für Elend und zweitklassige Leistungen«, sagte der US-amerikanische Investor Charlie Munger.

Munger verschlang Biografien wie andere Leute Netflixserien. Biografien sind komprimierte Lebenslektionen. Es grenzt an ein Wunder, dass sich mit nur 26 Buchstaben so viel Erfahrung von einem Leben in das Leben des Lesers transportieren lässt – über Jahrhunderte. Mein Rat: Lassen Sie sich von diesem Wunder nicht beeindrucken. Wieso sollten Sie sich mit dem Zickzack anderer Lebensläufe beschäftigen? Sagen Sie sich lieber jeden Tag: »Ich bin unbeschreiblich einzigartig! Mein Leben ist mit keinem anderen zu vergleichen!« So viel Selbstachtung sind Sie sich wert. Außerdem können Sie die gesammelten Lebenserfahrungen unserer Vorgänger getrost ignorieren mit dem Hinweis, dass wir in einer »neuen Epoche« leben.

Meiden Sie nicht nur Biografien, sondern Bücher generell, und ganz besonders Romane. Romane sind Lebens-

simulationen. Aus Ihrem bequemen Wohnzimmersessel blicken Sie in die schwindelerregenden Abgründe, die der Protagonist zu überstehen hat – ohne sich selbst in Gefahr zu bringen. Aber warum sollten Sie? Bietet Ihr eigenes Leben nicht Probleme genug? Außerdem ist Lesen anstrengend. Nein, mit solchem Stoff brauchen Sie sich nicht vollzustopfen. Ich empfehle Ihnen: Bleiben Sie so ungebildet, wie es nur geht. Seien Sie stolz auf Ihre kulturelle Unterernährung. Was zählt, ist einzig Ihre eigene Erfahrung.

Und am besten ignorieren Sie sogar die. Hören Sie auf, aus Fehlern lernen zu wollen. Gute Strategien dafür sind Schönreden, die Schuld den anderen in die Schuhe schieben, Leugnen und Vergessen. Nur so stellen Sie sicher, dass sich die Katastrophen in Ihrem Leben stetig wiederholen. Und nur so kommen Sie in den Kreis jener Leute, die jeden Tag in der Zeitung sind: Leute, die Affäre nach Affäre haben, die ihr Geld verspielen oder laufend über ihre Eitelkeit stolpern. Machen Sie es wie sie! So finden Sie sich im Nu in schlechtester Gesellschaft wieder – und in einem schlechten Leben.

Die leise Stimme der Vernunft

Aus den eigenen Fehlern zu lernen ist Silber, aus den Fehlern der anderen zu lernen ist Gold. Und zwar deshalb, weil wir Menschen so homogen sind. Besonders Menschen im gleichen Kulturkreis. Ob Sie nun Amerikanerin, Schweizer, Deutsche, Italienerin, Australier oder Schwedin sind – Ihr Leben verläuft in ähnlichen Bahnen, mit ähnlichen Höhepunkten und ähnlichen Sorgen. Das gilt auch in Bezug auf die Katastrophen. In der Tat, es steckt wenig Originalität in den Dramen unseres Alltags. Selbstverursachte Arten von Lebenskatastrophen gibt es sogar derart wenige, dass Sie sie recht leicht umschiffen können – vorausgesetzt, Sie kennen sie.

Hier kommen die Biografien ins Spiel. Sie sind der beste Anschauungsunterricht. Aber Vorsicht: Biografie ist nicht gleich Biografie. Aus Autobiografien lernen Sie nur wenig, denn der Autor ist – bewusst oder unbewusst – mit Schönfärberei beschäftigt. Dasselbe gilt für Memoiren. Sie behandeln einzelne Episoden aus dem Leben des Autors – aber nur jene, die er teilen will, und ebenfalls auf Hochglanz poliert. Wirklich nützlich sind Biografien, die von Dritten geschrieben sind – entweder autorisiert (das heißt: immerhin nur leicht schöngefärbt) oder, besser noch, unautorisiert und damit am aussagekräftigsten.

Was Sie übrigens bei Biografien im Hinterkopf behalten sollten: Hier wirkt der sogenannte »Selection Bias«, wir haben es also nicht mit einer zufälligen, sondern mit einer verzerrten Auswahl zu tun – denn es gibt fast nur Biografien erfolgreicher Menschen. Dabei wären gescheiterte Lebensgeschichten um einiges hilfreicher. Leider geht kein Verlag das wirtschaftliche Risiko ein, die Biografie eines Nobodys zu publizieren. Weichen Sie deshalb immer wieder mal auf Romane aus. Sie sind die perfekte Ergänzung zu Biografien. Jedenfalls: Lesen Sie so viel Sie können. Wie sagte Charlie Munger: »In meinem ganzen Leben habe ich keinen einzigen klugen Menschen gekannt, der nicht ständig gelesen hat – keinen, null.«

Und vor allem schauen Sie sich in Ihrem Umfeld um. Es bietet genügend Unterricht für all die Idiotien, die es zu vermeiden gilt. Werden Sie zu einem Sammler unerfreulicher Lebenspfade! Nicht um sich daran zu erfreuen, nein, sondern um daraus zu lernen. Warum genau ist diese Person abgerutscht? Warum genau ist jene Beziehung in die Brüche gegangen? Gehen Sie wie ein Wissenschaftler den Dingen auf den Grund. Oft sind es kleine, blöde, nebensächliche Dummheiten, durch die ein Leben erst auf die abschüssige Bahn kommt.

15

VERBRINGEN SIE IHRE FREIZEIT IN DEN SOZIALEN MEDIEN

Wie oft sind Sie in den sozialen Medien unterwegs? Egal, legen Sie noch eine Stufe zu. Werden Sie ein hyperaktiver Power-User. Und zwar auf allen Plattformen. Facebook, Instagram, Twitter, YouTube und LinkedIn reichen nicht mehr aus, nehmen Sie auch noch TikTok und Telegram dazu. Abonnieren Sie alles, kommentieren Sie alles, und posten Sie, was das Zeug hält! Lassen Sie keine Tätigkeit unveröffentlicht. Ihr Frühstücksei ist ebenso wichtig wie Ihre Enthaarungscreme und Ihre Meinung zum britischen Königshaus.

Neben Ihren authentischen Profilen legen Sie auch gleich noch ein paar Fake-Accounts an, über die Sie so richtig die Sau rauslassen können. Balsam für die Seele! Alles geht, je krasser, desto mehr Views: Intrigen, Lügen, Verschwörung, Hass. »Das ist die Binsenwahrheit über Internet-Foren«, schreibt der große Biograf Walter Isaacson, »jede Diskussion läuft darauf hinaus, dass jemand ›Nazi!‹ ruft, und zwar innerhalb von sieben Kommentaren.« Seien Sie dieser Jemand – bevor Ihnen ein anderer die Gelegenheit wegschnappt. Den Post müssen Sie dafür nicht gelesen haben – es geht ja nicht drum, dass der Nazi-

Vorwurf stimmt, sondern darum, dass er gesehen wird. Dass Sie gesehen werden!

Nehmen Sie dieses Aufmerksamkeitsmanagement ernst - das Konto Ihrer Clicks, Likes und Sternchen sollte Ihnen wichtiger sein als Ihr Bankkonto. Vergleichen Sie sich stündlich mit den großen Internet-Stars und Influencern, und arbeiten Sie daran, auch einer zu werden - indem Sie noch häufiger, lauter und bizarrer posten. Sie werden erstaunt sein, wie viel Ihnen die virtuelle Bekanntheit bringt - nämlich jede Menge Zeitverschwendung, Verblödung, chronischen Stress und eine hundstraurige Existenz.

Die leise Stimme der Vernunft

Sokrates, Platon, Aristoteles, Buddha, Epiktet, Kierkegaard, Wittgenstein, Camus ... Sie kennen bestimmt die großen Namen der Philosophie. Ich habe mich gefragt, was diese Denker wohl zu den sozialen Medien gesagt hätten. Die Antwort scheint auf der Hand zu liegen: Kein einziger von ihnen sah den Pfad der Weisheit darin, sich permanent in Szene zu setzen und sich nonstop mit anderen zu vergleichen. Im Gegenteil. Nehmen Sie irgendeine Philosophie - Stoizismus, Buddhismus, Christliche Philosophie, Aufklärung, Analytische Philosophie, Existenzialismus, ganz gleich welche. Alle großen Denkrichtungen sind sich darin einig, dass der Pfad zu einem guten Leben hauptsächlich ein innerer ist. Ego und Selbstdarstellung sind No-Gos. Aus guten Gründen, die die Forschung bestätigt. Erstens führt der Vergleich mit idealisierten Lebensstilen anderer Menschen nachweislich zu Depression, Unzufriedenheit und Neid. Wie könnte es auch anders sein? Weil nur die vorteilhaftesten Bilder und Videos hochgeladen werden, kommt man sich beim Scrollen unweigerlich minderwertig vor. Social Media sind die perfekte Neid-Maschine. Zweitens stehlen die sozialen Medien uns die Aufmerksamkeit. Unser Hirn verzettelt sich. Die Produktivität fällt in den Keller. Drittens zeugt die Nutzung des Handys während eines Gesprächs von fehlendem Respekt für das Gegenüber – was dieses zumindest innerlich mit einem »Fuck You« quittieren wird. Viertens: Social Media koppeln Sie von realen Erfahrungen ab, die Sie in derselben Zeit hätten machen können. Sie haben irgendwann alles gesehen – aber nichts erlebt und noch weniger verstanden. Social-Media-Nutzung hat keinen einzigen Vorteil. Selbst die wenigen Stars, die finanziell davon leben, fallen nach kurzer Zeit wie tote Vögel von ihren Stangen. Ich lebe seit zwölf Jahren völlig ohne Social Media – und genieße die dadurch gewonnene Zeit.

Wir schütteln heute alle gerne den Kopf über Verhaltensweisen der Vergangenheit: Wie konnten wir bloß Könige vergöttern? Wie konnten wir Frauen als Hexen verbrennen? Wie konnten wir bloß mit Sklaven handeln, Öl verbrennen, das Meer leerfischen? Wie konnten wir bloß rauchen, als wär's das Gesündeste der Welt? Die Geschichte der Zivilisation ist mit Idiotie durchtränkt. Leider sind wir Heutigen keine Ausnahme. In hundert Jahren wird man sich fragen: Was, zum Teufel, ging diesen Leuten durch den Kopf, als sie in den sozialen Medien all diese Nichtigkeiten hochluden und konsumierten? Hatten die nichts Besseres zu tun?

16

FLIPPEN SIE AUS IM STRASSENVERKEHR

Im September 2003 saß ich in Houston auf der zehnspurigen I-610 im Stau. Nichts bewegte sich. Die Luft über den Autodächern flimmerte. Nach einer halben Stunde plötzlich Bewegung. Zehn Meter Fahrt. Dann wieder Stau. Der sandbraune Nissan Sunny auf der Nebenspur fuhr nicht gleich weiter. Die Frau am Steuer versuchte verzweifelt, den Motor anzuwerfen. Aggressives Hupen von hinten. Die zehn Meter waren nicht zu schaffen, da half auch das unaufhörliche Hupen nichts. Plötzlich stieg der Fahrer des hinteren Wagens aus, Pistole in der Hand, baute sich vor dem Nissan auf, drückte die Mündung auf den Lack der Motorhaube und schoss drei Mal durch das Blech. Danach, scheinbar erleichtert, setzte er sich wieder in sein Auto. Niemand wagte etwas zu unternehmen, auch ich nicht. Alle saßen reglos hinter ihren Lenkrädern und starrten geradeaus. Wenige Minuten später löste sich der Stau auf, und alle fuhren weiter. Außer natürlich der Nissan, aus dessen Motorblock nun das Öl tropfte.

Was ich an jenem Tag erlebt habe, ist eine Extremform dessen, was die Amerikaner »Road Rage« nennen. Eine sehr beliebte Art, seiner Wut Luft zu verschaffen – und sich nebenbei das Leben zu vermiesen. Mein Rat: Wenn Sie auf der Straße unterwegs sind, halten Sie stets eine Waffe in Ihrem Handschuhfach bereit. Falls Sie nicht an eine Pistole kommen, packen Sie einen Baseballschläger ein. Zögern Sie nicht, ab und zu ein Zeichen zu setzen, damit es im Verkehr vorwärtsgeht. Jemand muss schließlich für Bewegung sorgen. Bei der kleinsten Empfindung von Ungerechtigkeit oder Nachlässigkeit der anderen Fahrer schlagen Sie sofort zu. Schießen Sie aber nie direkt auf andere Menschen. Sie sind ja kein Gewalttäter. Es geht Ihnen nur darum, Anreize zu setzen, indem Sie den einen oder anderen Reifen durchlöchern oder eben einen Motorblock. Angst vor Repressalien brauchen Sie nicht zu haben. Niemand hat Lust, mit hineingezogen zu werden. Sie können deshalb auf der Straße Dampf ablassen, sooft Sie wollen. Und fühlen Sie sich ruhig heroisch dabei: Sie handeln stellvertretend für all die Duckmäuser, die brav in der Spur stehen und sich auf die Lippen beißen.

Natürlich müssen Sie nicht jeden Tag komplett ausrasten wie Michael Douglas im Film »Falling Down – Ein ganz normaler Tag« aus dem Jahr 1993, der darin noch mehr Road Rage aufbringt als mein Straßengefährte in Texas. An vielen Tagen wird ein Mittelfinger reichen. Oder fahren Sie möglichst nahe auf – bei hohen Geschwindigkeiten erst recht. Wenn Sie überholen, tun Sie es abrupt, bremsen Sie den Langweiler so richtig aus. Nichts spricht dagegen, auch mal ein Feuerzeug oder eine Plastikflasche durch das offene Fenster auf ein Auto zu schleudern, das Sie nervt.

Und scheuen Sie nicht davor zurück, sich Vorteile zu verschaffen. Fahren Sie zum Beispiel falsch herum in eine Einbahnstraße, um den letzten freien Parkplatz zu ergattern, während die korrekten Fahrer leer ausgehen. Lachen Sie ihnen direkt ins Gesicht, falls sie empört den Kopf schütteln. Egal, womit Sie provozieren, Sie werden merken: Rage ist selbstverstärkend. Je öfter Sie ausfällig werden, desto weniger Anlass werden Sie brauchen, um komplett durchzudrehen. Also, geben Sie Vollgas!

Die leise Stimme der Vernunft

Haben Sie noch nie vor Wut gekocht im Straßenverkehr? Haben Sie sich noch nie fluchend aus dem Fenster gelehnt? Oder gehupt, bis es peinlich wurde? Ich jedenfalls bin kein Straßenheiliger. Doch gehöre ich zu den Fahrern, die sich die Straßenwut zum großen Teil abgewöhnt haben. Das liegt hauptsächlich am Alter. Untersuchungen haben gezeigt, dass jüngere männliche Fahrer eher zu aggressivem Fahrverhalten neigen als ältere Fahrer oder Frauen. Auch heißes Wetter erhöht die Wahrscheinlichkeit eines Wutausbruchs – siehe mein Erlebnis im heißen Texas. Aber unabhängig davon sollten Sie sich vornehmen: Wenn Sie ins Auto steigen, lassen Sie die Wut draußen. Fahren Sie viel zu früh ab, damit Sie nie unter Zeitdruck kommen.

Wenn Sie im Stau stehen, ist Ihre Wut verständlich – aber lassen Sie sie verfliegen, indem Sie sich eingestehen, dass Sie genau gleich viel zu diesem verdammten Stau beitragen wie jeder andere Fahrer darin. Um das unangenehme Gefühl loszuwerden, wertvolle Lebenszeit in der Blechlawine zu vergeuden, halten Sie Hörbücher und gute Podcasts auf Ihrem Handy bereit. Ich höre sie übrigens nicht durch die Stereoanlage, sondern durch Hartschalenkopfhörer mit Geräuschunterdrückung. Sieht, von außen betrachtet, bescheuert aus, macht aber das Stauerlebnis viel angenehmer. Ein letzter, lächerlich einfacher Tipp: Halten Sie eine Clown-Schaumstoffnase im Türfach bereit. Falls Sie das Ziel einer Wutattacke werden, stecken Sie sich die rote Schaumstoffknolle an die Nase, und grinsen Sie. Das wirkt entwaffnend.

17

UMGEBEN SIE SICH MIT MIESEPETERN

Falls Sie selbst ein eher optimistischer Mensch sind (Achtung: schlechte Voraussetzung für ein jämmerliches Leben), dann tun Sie sich wenigstens den Gefallen und umgeben Sie sich mit Miesepetern. In Kürze werden diese Menschen Sie mit in ihre Schattenwelt ziehen. Glückliche Menschen bringen Ihnen nichts: Ihr Lachen, Ihre Lebensfreude und Begeisterung wecken höchstens Neid in Ihnen, und außerdem geht Ihnen all dieses aufgesetzte positive Denken eh auf den Wecker, oder? Positive Menschen sind gefährlich, weil ansteckend, schlimmer als Grippeviren. Halten Sie einen Sicherheitsabstand ein. Und vergessen Sie den idiotischen Spruch mit dem Glas, das man immer halb voll und nie halb leer nennen sollte. Egal, wie voll das Glas ist, in Wirklichkeit enthält es ohnehin fast nichts. Ein kleiner Exkurs in die Chemie gefällig? Ein Wassermolekül besteht aus einem Sauerstoff- und zwei Wasserstoffatomen. Jedes Atom wiederum besteht seinerseits aus einem Atomkern und Elektronen, die den Atomkern umkreisen. Wenn Sie ein ganzes Atom auf die Größe von Paris ausdehnen, ist der Atomkern gerade mal so groß wie eine Melone, während die Elektronen weit weg in der Banlieue rumlungern.

Dazwischen? Nichts. Das pure Nichts. Folglich ist selbst ein volles Glas im Grunde leer.

«Ein negativer Kopf wird nie ein positives Leben haben», lautet ein alter Spruch. Sie sollten ihn unbedingt beherzigen, denn ein miserables Leben ist ja Ihr erklärtes Ziel. Und Sie müssen sich dafür nicht einmal anstrengen. Der Nobelpreisträger Daniel Kahneman und sein Kollege Amos Tversky haben herausgefunden, dass negative Dinge in unserer Wahrnehmung doppelt so viel zählen wie positive. Ein Verlust an der Börse von nur 5% wird Sie emotional genauso stark bewegen wie ein Gewinn von 10%. Oder: Sie leiden an einem vereiterten Zahn genauso, wie Sie sich über eine Beförderung freuen, obwohl der Karriereschritt objektiv gesehen viel wichtiger ist. Sie brauchen bloß durch die Welt zu schreiten, sich die naturgemäß gleich verteilten positiven und negativen Dinge anzuschauen, und Sie werden automatisch überzeugt sein, dass das Negative überwiegt. Die negative Haltung ist also die natürlichste der Welt. Sie müssen sich dafür nicht schlecht fühlen - obwohl doch, bitte, fühlen Sie sich schlecht!

Die leise Stimme der Vernunft

»You are who you hang out with«, sagt man auf Englisch. »Du bist, mit wem du dich umgibst.« Wenn Sie viel Zeit mit jemandem verbringen, der ständig negativ drauf ist, werden Sie feststellen, dass die Negativität auf Sie abfärbt. Dieses Phänomen nennt man »emotionale Ansteckung«. Wie bei jeder Form der Ansteckung merken wir kaum, was passiert. Wenn Sie sich mit negativen Personen umgeben, beginnen Sie automatisch, ihre Mimik, Stimme, Körpersprache, ihre Bewegungen und natürlich auch ihre Haltung zu imitieren – die geistige ebenso wie die körperliche. Bevor Sie es merken, ist die negative Haltung Teil Ihrer Persönlichkeit geworden. Es ist ein bisschen vergleichbar mit Passivrauchen. Selbst wenn Sie keine Zigarette in den Mund stecken, atmen Sie den schädlichen Ruß ein. Und das wiederum kann Sie dazu verleiten, sich selbst eine anzuzünden. Weil dies alles unbewusst abläuft, empfehle ich Ihnen: Machen Sie einen weiten Bogen um negative Menschen. Dieser Spruch hat mir dabei immer geholfen: »Don't let negative people rent space in your head.« (»Lassen Sie negative Menschen nicht in Ihrem Hirn wohnen.«)

Es gibt Unternehmen, Städte, Gebiete, in denen eine hohe Dichte an Miesepetrigkeit herrscht. Wenn Sie oft Sätze hören wie »Das kann ja sowieso nichts werden« oder »Muss das sein?«, entfernen Sie sich von diesen Menschen.

Warum ist die negative Haltung so schlimm? Erstens führt sie nachweislich zu höherem Stress. Chronischer Stress wiederum schwächt Ihr Immunsystem. Zweitens: Der Umgang mit Personen, die übermäßig negativ eingestellt sind, wird Ihre persönliche Entwicklung behindern. Es drückt Ihr Selbstwertgefühl in den Keller, Sie werden sich weniger zutrauen. Und drittens werden Sie schlicht und einfach weniger glücklich, wenn Sie dauernd in schwarzer Galle schwimmen – ein ziemlich hoher Preis und ohne Gegenwert.

Die gute Nachricht: Emotionale Ansteckung funktioniert auch in die andere Richtung. Umgeben Sie sich mit superpositiven Menschen, und Sie werden alle Vorteile ernten – ein stärkeres Immunsystem, mehr Kreativität, einen wacheren Geist, Zufriedenheit, persönliches Wachstum, mehr Erfolg und ein nachweislich längeres Leben.

18

SUCHEN SIE STREIT MIT IHREN NACHBARN

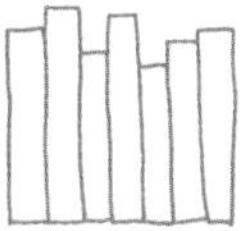

Lassen Sie Ihren Nachbarn auf keinen Fall in Frieden – nur so stellen Sie sicher, dass auch er Ihnen das Leben schwer macht. Grundsätzlich gilt: Kein Kompromiss, kein Pardon, keine Ausnahmen. Ihre Gedanken sollten um das Nachbargrundstück kreisen wie ein Sperber, der auf Beute lauert. Richten Sie Ihr Augenmerk insbesondere auf die folgenden Konfliktpotenziale: Werden die Grundstücksgrenzen eingehalten? Ist jeder Baum vorschriftsgemäß gepflanzt, macht jedes Kraut am Grenzzaun halt? Steht das Auto Ihres Nachbarn korrekt auf dem Parkfeld? Werden die Nachtruhezeiten eingehalten? Hält Ihr Nachbar vielleicht Haustiere, gegen die Sie theoretisch allergisch sein könnten? Dann wedeln Sie sofort mit einem Arztbefund – wirklich schade, dass Ihr Nachbar den niedlichen Welpen schon nach wenigen Tagen zurückbringen muss. Er hätte Sie halt vorher fragen müssen.

Kochen Ihre Nachbarn ausgiebig und mit Hingabe? Dann sollen sie die Küchenfenster gefälligst geschlossen halten und einen Küchenabzug installieren. Klar, das kann schnell mal ein paar Tausender kosten, aber Sie lassen sich nicht alles bieten. Warten Sie nicht auf einen eklatanten Verstoß, reagieren Sie sofort beim kleinsten Vergehen. Ein paar dürre Blätter liegen vor Ihrer Einfahrt? Sofort weg damit, bitte – sonst … Suchen Sie nicht erst das Gespräch. Das würde bloß signalisieren, dass sich mit Ihnen reden lässt. Am besten drohen Sie gar nicht erst mit dem Anwalt, sondern schalten ihn gleich ein. Vereinbaren Sie einen Fixpreis fürs ganze Jahr. Damit haben Sie einen Anreiz, seine Dienste zu nutzen, sobald sich eine Gelegenheit bietet. Besonders schnell und heftig sollten Sie bei neuen Nachbarn reagieren. Geben Sie gleich am ersten Tag den Tarif durch.

Was, wenn sich Ihr Nachbar tadellos verhält, sich vielleicht sogar freundlich und hilfsbereit zeigt? Gehen Sie erst recht von den schlimmsten Absichten aus. Vermutlich versucht er bloß, Ihre Aufmerksamkeit einzuschläfern, um das Grill-Verbot zu unterlaufen. Den ersten Grundsatz der Geopolitik können Sie eins zu eins auf Ihr nachbarschaftliches Verhältnis übertragen: Frieden ist bloß die Pause zwischen Kriegen. Was haben Sie davon? Richtig, genau worauf Sie gezielt haben: ein miserables Leben. Ihre Ruhe wird dahin sein. Sie wissen, dass Sie es geschafft haben, wenn Sie nicht mehr an Ihren Nachbarn denken können, ohne dass Ihr Blutdruck durch die Decke schießt.

Die leise Stimme der Vernunft

Nachbarschaft ist nicht einfach. Das hat zwei evolutionäre Gründe. Erstens haben viele Tierarten, darunter auch der Mensch, territoriale Verhaltensweisen zum Schutz der eigenen Ressourcen entwickelt. Auch wenn unsere modernen »Territorien« durch biedere Lattenzäune begrenzt sind – und nicht mehr durch Flussabschnitte oder Beerenhaine –, erwachen diese territorialen Instinkte bei der kleinsten Vermutung, dass diese Grenzen verletzt werden könnten. Zweitens: Wie viele andere Tierarten bildet auch der Mensch soziale Hierarchien. Unter Nachbarn kommt es automatisch zu einem Wettbewerb um den sozialen Status – ob bewusst oder unbewusst. Es lohnt sich, beide Instinkte unter Kontrolle zu behalten. Eine gute Nachbarschaft ist Gold wert.

Einen weiteren Vorteil kennen wir aus der Kriminologie: Sie spricht von der »kollektiven Wirksamkeit«. Forscher der Universität Chicago stellten bereits 1997 fest, dass Stadtteile mit einem höheren Maß an sozialem Zusammenhalt nachweislich niedrigere Kriminalitätsraten aufweisen – die Bewohner mögen sich und sind daher eher bereit, aufeinander aufzupassen und verdächtige Aktivitäten zu melden. Aber es geht auch ums Geld: Nachbarschaften, in denen ein freundschaftliches Klima herrscht, sind begehrter. Das wiederum wirkt sich indirekt auf den Immobilienwert aus.

Nicht jedermann liegt Ihnen am Herzen und umgekehrt. Wie überall »menschelt« es auch in Ihrer Straße. Aber wenn Ihnen die Nachbarn nicht liegen, müssen Sie es ihnen ja nicht direkt ins Gesicht bellen. Lächeln Sie. Wünschen Sie einen guten Morgen. Drei Sekunden. Das reicht schon. Niemand erwartet, dass Sie zusammen in den Urlaub fahren oder einen gemeinsamen Zen-Garten anlegen. Aber kurz die Bohrmaschine ausleihen? Klar!

19

DRÖHNEN SIE SICH MIT DROGEN ZU

Drogen sind ein No-Brainer. Warum den Umweg über den Alkohol gehen, wenn andere Substanzen Sie viel effizienter ruinieren? Um möglichst schnell in der Drogenhölle zu landen, sollten Sie sich an folgende Empfehlungen halten. Erstens: Gehen Sie fest davon aus, dass es überhaupt kein Problem ist, Drogen auszuprobieren. So wie Sie dieses Buch jederzeit aus der Hand legen können, können Sie jederzeit Nein zu Drogen sagen. Zweitens: Halten Sie sich nicht lange mit leichten Drogen auf (Marihuana, Pilze, Schlaftabletten), wechseln Sie möglichst rasch zu harten (Heroin, Kokain, Crystal Meth, Fentanyl). Das Leben ist zu kurz für zweitklassigen Stoff, und harte Drogen machen viel verlässlicher und schneller abhängig. Außerdem sind sie kniffliger zu beschaffen – das trägt zum Kitzel bei.

Drittens: Ziemlich schnell wird Ihnen der Cash ausgehen. In diesem unausweichlichen Fall tun Sie einfach, was Millionen anderer Süchtiger zielsicher ins Verderben geführt hat: Werden Sie Vollblutunternehmer in Sachen Kleinkriminalität. Ein Feld, in dem Sie Kompetenzen erwerben, die Ihnen ein Leben lang von Nutzen sein werden. Zusatz-Benefit: Sie lernen eine ganz neue Seite der Gesellschaft kennen. Buchen Sie es als soziologische Primärerfahrung ab.

Natürlich werden Sie Ihren Job, Ihre Familie, Ihre Wohnung und Ihre Reputation verlieren. Aber wer will schon ein allzu gradliniges Leben? Reden Sie sich einfach ein, dass Sie nur so lange weitermachen, wie Sie ein gutes Gefühl dabei haben. Und das werden Sie garantiert! Ihr Körper wird Ihnen zuverlässig mitteilen, was er zu seinem Glück braucht. Geben Sie es ihm, bevor er zittert. Und kommen Sie bloß nicht auf die Idee, professionelle Hilfe zu suchen. Diese Leute wollen nur eins: Ihnen den Spaß an der Misere verderben.

Die leise Stimme der Vernunft

Der triviale, augenfällige Rat: Probieren Sie's erst gar nicht. Nicht ein einziges Mal. Setzen Sie Drogen strikt auf die Not-To-Do-Liste. Warum so hypervorsichtig? Weil der Abstand zwischen null und einem Mal unendlich viel größer ist als der zwischen einem Mal und tausend Malen. Das ist ein bisschen wie Mord: Ob Sie einen Menschen oder tausend Menschen umbringen – Mörder sind Sie allemal.

Natürlich wirken Sie prüde, wenn Sie auf einer drogenberauschten Party sind und dankend abwinken. Nehmen Sie es als Zeichen Ihrer Stärke. Halten Sie dem Gruppendruck stand, und seien Sie stolz darauf. Am besten natürlich, Sie halten sich von solchen Partys von vornherein fern. Was soll schon Positives daraus hervorgehen? Der amerikanische Investor Charlie Munger sagte zum Drogenkonsum: »Ich habe in den Jahrzehnten meines Lebens noch niemanden getroffen, dessen Leben durch übermäßige Vermeidung eines solch trügerischen Weges zur Zerstörung verschlechtert wurde.«

Halten Sie sich die Größe des Problems vor Augen: In den USA sterben jedes Jahr 100 000 Menschen an Drogen. Stellen Sie sich einen Friedhof mit 100 000 Kreuzen vor. Unter jedem Kreuz das Ergebnis einer komplett vorhersehbaren, qualvollen Absturzspirale. Ein Mensch, der genauso gut ein angenehmes Leben hätte führen können. Stellen Sie sich jeden dieser Toten im Kindesalter als kleines Mädchen oder Jungen vor, lachend auf der Spielplatzschaukel. Jedes einzelne dieser Kinder wird sich später im Leben für einen Höllenritt entscheiden, wenn es die Grenze zwischen null und eins überschreitet. Jedes Jahr kommt ein Friedhof mit 100 000 Gräbern von einst lachenden Kindern hinzu.

Falls Ihnen das als Abschreckung nicht reicht, dann führen Sie sich vor Augen, dass Drogen nicht nur individuelle Lebensläufe zerstören, sondern ganze Städte und Staaten. Viertausend Jahre lang war China das mächtigste Reich der Welt. Noch im Jahr 1800 generierte es ein Drittel des weltweiten Bruttosozialprodukts. Um 1900 waren es nur noch 2 Prozent. Das ist der schnellste wirtschaftliche Kollaps in der gesamten Weltgeschichte. Warum? Drogen spielten eine entscheidende Rolle. Im 19. Jahrhundert war Großbritannien der wichtigste Drogenhändler der Welt. Indien – damals eine britische Kolonie – produzierte Opium in rauen Mengen. Der chinesische Drogenmarkt war vielversprechend, und so ging das Vereinigte Königreich militärisch gegen China vor und erzwang in zwei sogenannten Opium-Kriegen die Öffnung des chinesischen Reiches für die in Indien produzierten Drogen. Die technologisch überlegenen Briten gewannen, und noch heute sprechen die Chinesen vom »Jahrhundert der Demütigung«.

Lassen Sie sich nicht demütigen. Und wenn Sie trotz allem unbedingt einmal erfahren möchten, wie sich Drogen-induzierte Halluzinationen anfühlen, dann können Sie immer noch dem Tipp des britischen Schriftstellers Ian McEwan folgen, der es einmal so interpretierte: »Wie sich LSD anfühlt? Wie ein Frühstück mit einem Vierjährigen.«

20

MANÖVRIEREN SIE SICH IN EINE EINBAHNSTRASSE

Frisch mit einem Bachelor in Hospitality Management ausgestattet, schnappte sich Samuel seinen ersten Job in einem Reisebüro. Voller Energie startete er durch, kletterte rasch die Karriereleiter hoch und landete auf der Position des stellvertretenden Filialleiters. Seine Kunden liebten ihn für sein Insiderwissen. Doch bald begann der Siegeszug der Online-Buchungsplattformen. Sie stellten das Reisebüromodell auf den Kopf. Die ganze Branche verlor an Glanz und Relevanz, aber Samuels Treue zu seinem Job war unerschütterlich. Der Gedanke, sein vertrautes Büro voller Landkarten und Reisebroschüren zu verlassen, jagte ihm einen kalten Schauer über den Rücken. Lange redete sich Samuel ein, dass es immer Bedarf an echten Reiseexperten geben würde – bis seine Agentur die Türen für immer schloss.

Für ein aussichtsloses Leben rate ich Ihnen: Küren Sie Ihren allerersten Job zur Lebenskarriere. Bleiben Sie dann auf Gedeih und Verderb in dieser Branche, selbst wenn sie schrumpft. Lieber gehen Sie mit dem sinkenden Schiff unter, als Ihre Fähigkeiten upzudaten oder die Branche zu wechseln.

Die leise Stimme der Vernunft

Samuels Geschichte zeigt, wie der erste Job, in dem man landet, oft den ganzen Karriereweg festlegt. Das ist nicht überraschend, denn Karriereschritte sind besonders am Anfang groß und schnell. Stellen Sie sich eine Pyramide vor. Es braucht weder besonders viel Glück noch extreme Fähigkeiten, um vom untersten Niveau zum nächsten aufzusteigen. Das erledigt sich meist von allein durch die natürlichen Abgänge der nächsthöheren Stufe. Aus Sicht des Mitarbeiters hingegen ist ein früher Karriereschritt ein eindeutiges Zeichen, dass sie oder er sich auf einem perfekten Karrierepfad befindet. Nennen wir's die »Shootingstar-Illusion«. Aber je höher man aufsteigt, desto dünner wird die Luft, und desto weniger Platz gibt es dort. Am Schluss bleibt genau ein einziger CEO-Posten. Das ist weniger ein Problem, wenn die Branche wächst. Dann ist ein bracheninterner Wechsel möglich. Aber es ist brutal, wenn die Branche schrumpft. Plötzlich fühlt man sich in einer Einbahnstraße gefangen – wie unser Reiseprofi Samuel.

Bestünde die Lösung vielleicht darin, den Aufstieg und Niedergang verschiedener Branchen korrekt zu prognostizieren, bevor man ins Berufsleben einsteigt? Nette Idee, aber wer derart hellsichtig sein sollte, der müsste gar nicht erst auf die Karriereleiter steigen – mit ein paar geschickten Investitionen wäre der Multimillionärs-Status erreicht. Fakt ist: Niemand kann vorhersagen, wie genau sich einzelne Berufe oder Branchen über die nächsten dreißig Jahre entwickeln werden. Wer hätte in den Neunzigerjahren geahnt, dass lukrative Monopolzeitungen bald einen Großteil ihrer Werbeeinnahmen an ein unbekanntes Start-up mit dem kindischen Namen Google verlieren werden? Radikale Innovationen sind definitionsgemäß nicht prognostizierbar, sonst würde man sie schon heute kennen.

Es gibt nur eine Möglichkeit, Einbahnstraßen zu vermeiden: Werden Sie zu einer »Lernmaschine«! Alle erfolgreichen Menschen, die ich kenne, saugen neues, relevantes Wissen auf wie ein Schwamm. Das ist ihr Geheimnis. Der US-Investor Charlie Munger: »Ich sehe immer wieder Menschen aufsteigen, die nicht die Klügsten manchmal nicht einmal die Fleißigsten sind, aber sie sind Lernmaschinen. Sie gehen jeden Abend etwas klüger ins Bett, als sie aufgestanden sind, und, wow, wie das hilft, vor allem, wenn man eine lange Strecke vor sich hat.« Lernen ist sogar wichtiger als Intelligenz. In einer Abschlussrede der University of California warnt Munger die Absolventen: »Sie sind zum lebenslangen Lernen verdammt. Ohne lebenslanges Lernen werden Sie scheitern. Sie werden im Leben nicht weit kommen mit dem, was Sie bereits wissen. Sie werden im Leben nur vorankommen durch das, was Sie lernen, *nachdem* Sie hier weggegangen sind.«

Fazit: Erliegen Sie nicht der »Shootingstar-Illusion«. Wenn es am Anfang karrieremäßig abgeht, ist das kein verlässliches Zeichen, dass die nächsten zwanzig Jahre zum Höhenflug werden. Für den Beginn Ihrer Karriere empfehle ich Ihnen: Probieren Sie verschiedene Branchen aus, versteifen Sie sich nicht auf eine. Nachdem Sie sich in einer etabliert haben, sollten Sie die Kenntnisse in Ihrem Kompetenzkreis laufend vertiefen und erweitern. Es kann immer sein, dass Ihr Wissen und Ihre Fähigkeiten obsolet werden. Das passiert aber nicht über Nacht, sondern über einen Zeitraum von ein bis drei Jahren. Lesen Sie viel. Fünfzig Bücher pro Jahr. Zehn lange Artikel pro Woche. Seien Sie paranoid, was Ihr Wissen und Ihr Können betrifft; es reicht selten so weit und so lange, wie Sie glauben. Wenn Ihr Beruf irrelevant wird, springen Sie frühzeitig ab – bevor das Schiff zu sinken beginnt.

21

BITTE KEINE LEICHTIGKEIT

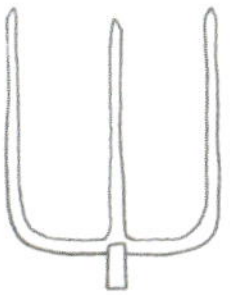

Kennen Sie das Gemälde des US-amerikanischen Malers Grant Wood *(1891–1942) mit dem Titel* American Gothic *aus dem Jahr 1930? Es ist eines der* meistparodierten *Bilder und im Art Institute of Chicago zu sehen. Ein Farmer und seine Tochter, die auf den ersten Blick eher aussieht, als wäre sie seine Frau, stehen Seite an Seite. Der Mann hält eine dreizackige Heugabel. Im Hintergrund ist ein Bauernhaus mit neugotischem Giebelfenster zu sehen. Vater und Tochter blicken todernst in die Welt. Bestimmt haben Sie dieses Gemälde zumindest in der einen oder anderen Karikatur gesehen – für mich ist es die ikonische Darstellung von* Lebensstrenge. *Genau so sollten Sie Ihr Leben anpacken, wenn Sie es sich ordentlich vermiesen wollen – mürrisch, finster, steif, freudlos. Unterdrücken Sie jeglichen spielerischen Impuls. Gönnen Sie sich nie eine Frivolität. Selbst eine gewisse Lockerheit ist tabu. Damit sind Sie in bester Gesellschaft. Liest man die Bibel, kommt man zum Schluss, dass selbst Gott keinen Spaß versteht.*

Der Physik-Nobelpreisträger Richard Feynman *war ein ausgelassener Mensch, der in der Freizeit auf Bongos trommelte und das Leben kein bisschen ernst nahm. Der US-*

Mathematiker Claude Shannon, *immerhin »Vater der Digitalisierung« genannt, fuhr Einrad und jonglierte dazu.* Leonardo da Vincis *Notizbücher sind voller spielerischer Sketche und abstruser Einfälle. Seien Sie gewarnt vor solcher Heiterkeit! Wenn Sie diesen Größen nacheifern, wird Ihr Traum von einem jammervollen Leben nie Realität. Im dümmsten Fall stolpern Sie spielend sogar zu irgendeiner Form von Erfolg.*

Mein erster Verleger, Daniel Keel, Gründer des Diogenes-Verlags, war ein Schelm. Als ich einmal bei ihm zu Besuch war, streckte er die Arme aus und sagte herzlich lachend: »Die linke Hand ist die Geburt, die rechte Hand der Tod, und dazwischen sind alle Dummheiten in unserem Leben.« Für ein garantiert schlechtes Leben halten Sie sich ans Gegenteil: »Die linke Hand ist die Geburt, die rechte Hand der Tod, und dazwischen ist nichts als bitterer Lebensernst.« Beklagen Sie das Leben ununterbrochen – nicht nur weil es hart ist, sondern aus Prinzip. Leben Sie getreu nach dem Motto des Puritanismus, den der Philosoph und Psychotherapeut Paul Watzlawick in seinem Buch Anleitung zum Unglücklichsein *aus dem Jahr 1983 so treffend umschreibt: »Du darfst tun, was du willst, solange es dir keinen Spaß macht.«*

Die leise Stimme der Vernunft

Mit 18 nahm ich mir vor, ein Jahr lang nicht zu lächeln. Ich war überzeugt, dass Lachen Energie verschlinge, weil man dabei die Gesichtsmuskeln bewegen muss. Besser die ganze Energie fürs Denken aufsparen, sagte ich mir, wo sie für die Lösung der Weltprobleme eingesetzt werden kann. Ich lächelte also ab sofort nicht mehr, ging witzigen Zeitgenossen konsequent aus dem Weg und hielt diesen Blödsinn ein Jahr durch. Mit dem Ergebnis, kein einziges Weltproblem gelöst zu haben. Stattdessen fühlte ich mich, wie ich aussah: jämmerlich. Nach exakt einem Jahr schloss ich das idiotische Experiment ab und begann die Mundwinkel wieder zu bewegen, auch nach oben. Und siehe da: Die Mädchen plauderten wieder mit mir, das Leben wurde heller und interessanter. Heute bin ich zwar kein Scherzkeks, aber ich habe mir eine leichte Seite zugelegt, und die hat mir sichtlich gutgetan.

Das Leben – so nervig es auch manchmal sein mag – auf spielerische Weise anzugehen hat nur Vorteile. Es fördert dem Psychologen René Proyer von der Universität Halle zufolge die Kreativität, macht laut einer kanadischen Studie sympathisch und reduziert nachweislich den Stress. Humorvolle Menschen – es liegt auf der Hand – sind glücklicher. Deshalb ein kleiner Tipp für mehr Heiterkeit: Stellen Sie sich Ihre persönliche »Dopamin-Liste« zusammen – Aktivitäten für zwischendurch, die Sie aus dem Alltagstrott reißen und beschwingen. Auf meiner Liste stehen so simple Dinge wie: Jazz hören, mit dem Elektrorad beliebig durch die Stadt kurven, Flugsimulator spielen, Balgen mit den Kindern, Stand-up-Comedy auf YouTube schauen. Auch gut: Lachen Sie über Ihre Missgeschicke. Gelegenheiten wird es viele geben.

Als ernste, kontrollierte Person ist es nicht einfach, spielerische Fäden in Ihr »seelisches Gewebe« zu ziehen. Versuchen Sie es trotzdem – es kostet Sie nichts.

Das Leben ist hart, aber im Grunde auch ein Spiel. Leichtigkeit zeichnet die besten Denker, Sportler und Künstler aus. Und da in hundert Jahren ohnehin niemand mehr über Sie sprechen wird, sollte es auch keine Rolle spielen, wenn Sie das Leben schon heute etwas ausgelassener angehen.

22

BADEN SIE IN SCHULDGEFÜHLEN

Für ein hoffnungsloses Leben empfehle ich Ihnen, sich permanent schuldig zu fühlen. Das ist einfach, denn so viel wie heute konnte man noch nie falsch machen. Wir leben in einem Supermarkt der Sünden. Bedienen Sie sich aus dem ganzen Sortiment! In dem Regal mit der Aufschrift »persönliches Verhalten« finden Sie ein besonders großes Angebot. Fühlen Sie sich schuldig für die Pommes, die Sie heute bestellt haben, ebenso wie für das Gemüse, das Sie nicht gekocht haben. Und was, Sie haben heute keinen Sport getrieben?

Im Regal »Zwischenmenschliches« finden Sie Schuld in ganz großen Packungen. Legen Sie sich eine ordentliche Portion Schuldbewusstsein in den Wagen für all die Notlügen, die sich in Ihren Alltag eingeschlichen haben. Bei zwischenmenschlichen Verstimmungen suchen Sie die Schuld bitte immer sofort bei sich selbst.

Im Bereich »Enge Beziehungen« finden Sie Schuld für jede Art von Rollenkonflikt. Als Mann sollten Sie zärtlich, humorvoll, selbstbewusst, leidenschaftlich, spontan und gleichzeitig ein Fels in der Brandung sein – ein Verschnitt von Dalai Lama, Roger Federer, James Bond und Heming-

way. Schaffen Sie nicht? Dann schämen Sie sich! Als Frau ist es selbstverständlich Ihre Pflicht, sämtliche Männerträume zu erfüllen. Seien Sie schön, schlau, sportlich, herzlich, das Organisationstalent der Familie und zwischendurch die beste Liebhaberin, die Ihr Partner jemals hatte. Sie haben nicht immer Lust, stundenlang mit den Kindern zu malen, zu backen oder Fußball zu spielen? Sie haben zu einem Kind einen besseren Draht als zu den anderen? Sie lieben es vielleicht sogar ein bisschen mehr? Na bitte! Wenn Sie jetzt noch keine Schuldgefühle empfinden, sollte wenigstens Ihr mangelndes Schuldbewusstsein zu Gewissensqualen führen.

Oder schauen Sie sich in der Abteilung »Gesellschaftliches« um, dort werden Sie bestimmt fündig. Richtig, Sie könnten noch viel mehr für Ihre Nachbarschaft tun. Zum Beispiel auch mal ein Straßenfest organisieren, so wie es Ihre Nachbarn von Jahr zu Jahr vorleben. Oder gleich nebenan, im Bereich »Ökologisches«. Sie besitzen ein Auto? Sie fliegen in den Urlaub? Sie kaufen Fleisch in Plastikfolie? Überhaupt, Sie essen Fleisch? Salat im Winter? Orangen im Sommer? In dieser Abteilung gibt es Schuld im XXL-Format und kein Erbarmen. Allein die Tatsache, dass Sie existieren, dass Sie mit Ihrer CO_2*-Atmung Ihr persönliches Net-Zero-Ziel verpassen, dass Sie mit jedem Furz Methan ausstoßen, muss Sie in den Boden versinken lassen. Packen Sie gleich noch ein Pfund Erbsünde drauf, also das, was Ihnen Gott in die Wiege gelegt hat, Sie aber immer wieder vergessen, weil es irgendwie unlogisch ist.*

Einkaufsliste abgehakt? Dann fehlt Ihnen jetzt vor dem Check-out nur noch die Kollektivschuld. Denken Sie an Auschwitz, den Sklavenhandel, an Hexenverbrennungen und an was auch immer Ihre Vorfahren sonst noch verbrochen haben. Meine Empfehlung generell für ein erbärmliches Leben: Fühlen Sie sich für den Zustand der Welt verantwortlich!

Die leise Stimme der Vernunft

Seit unserer Kindheit haben wir uns in Konflikte verstrickt, und das Konflikt-Gewebe wird dichter, je älter wir werden, je mehr wir tun und erleben. Vielleicht hegen Sie die Hoffnung, dass sich das Wirrwarr irgendwann auflösen wird. Dass die Menschen, die Sie enttäuscht, betrogen, belogen oder zur Seite gedrängt haben, Ihnen vergeben. Dass man sich umarmt – und alles wieder gut ist. Schöne Vorstellung. Doch so funktioniert es nicht.

Der britische Schriftsteller Ian McEwan sagt: »Eines der schrecklichsten und trügerischsten Wörter in der englischen Sprache ist ›closure‹« – etwas abschließen oder zu Ende bringen, sei es ein altes Leben oder eine schlechte Erfahrung. »In Filmen und Romanen gibt es diese ›closure‹ hin und wieder, aber im realen Leben passiert das selten, wenn überhaupt.« Wir schließen Erlebtes nie vollständig ab. Die Narben bleiben. Wir tragen sie durchs Leben. Finden Sie sich damit ab: Das Leben wird nie mehr »sauber«. Am reinsten war es bei Ihrer Geburt.

Wenn Sie sich den täglichen Schuldangeboten radikal entziehen möchten, dann folgen Sie dem Nobelpreisträger Richard Feynman beziehungsweise dem Mathematiker John von Neumann: »Von Neumann gab mir eine interessante Idee«, schreibt Feynman: »Dass man für die Welt, in der man lebt, nicht verantwortlich sein muss. Aufgrund seines Rats habe ich ein sehr starkes Gefühl der sozialen Verantwortungslosigkeit entwickelt. Das hat mich zu einem sehr glücklichen Menschen gemacht.« Soziale Verantwortungslosigkeit – klingt arrogant? Nun, geradezu größenwahnsinnig wäre es, sich die Schuld aller Welt aufzuladen. Das hat angeblich schon mal jemand gemacht, er hieß Jesus. Bleiben Sie bescheidener. Steigen Sie einfach aus dem Bad Ihrer Schuldgefühle aus.

23

SEIEN SIE UNDANKBAR

Der Flug Zürich-London hatte Verspätung. Zuerst hieß es 20 Minuten, dann 40 Minuten. Raunen im überfüllten Terminal. Mein Sitznachbar am Gate hatte sichtlich Mühe, die Verzögerung emotional zu verarbeiten. »Das gibt's doch nicht«, rief er aus, »unmöglich!« Als wir dann endlich eingestiegen waren, kam die Durchsage: »Wegen starken Abflugverkehrs verzögert sich der Start der Maschine um 30 Minuten. Wir bitten um Entschuldigung.« Während die meisten von uns höchstens die Gurten wieder lösten, rastete mein Gate-Nachbar jetzt endgültig aus: So ein Scheiß, mit Swiss fliege er nie mehr! Eine Folterkammer sei das hier! Er gestikulierte so wild, dass selbst die hinterste Reihe die Köpfe reckte. Die Flugbegleiterin musste ihn persönlich beruhigen.

Ich betrachtete ihn als interessantes Studienobjekt. Dieser Mann, dachte ich, hat die ideale Einstellung für ein bedauernswertes Leben. Hier ist eine Technologie, die es ihm erlaubt, sitzend – sitzend! – von Zürich nach London zu gelangen. Nur ein paar Generationen vor ihm wäre das eine Tortur von über einem Monat gewesen – zu Fuß, Wind und Wetter schutzlos ausgesetzt, ohne Karten, in undich-

ten Kleidern, löchrigen Schuhen, wochenlang in derselben, durchgeschwitzten Unterwäsche, mit Übernachtungen in verwanzten Betten, mit Wegelagerern am Straßenrand und schließlich einer Überfahrt nach Dover auf stürmischer See.

Wenn Ihnen an einem schlechten Leben gelegen ist, nehmen Sie sich ein Beispiel an diesem Mann! Stören Sie sich an allem, was nicht komplett rundläuft, und bleiben Sie so lange ungenießbar, bis Ihr Komfort hundert Prozent Paradies-Niveau hat. Wenn Ihnen jemand ein Geschenk macht, das Ihnen nicht gefällt, lassen Sie den anderen wissen, dass es durchaus passendere Geschenke gegeben hätte; was ja meistens nicht gelogen ist. Seien Sie undankbar Ihren Eltern gegenüber, weil sie Ihnen keinen roten Teppich ausgerollt haben (und falls doch, weil der hier und dort ein paar Falten wirft). Seien Sie undankbar, dass Sie in diesem Land und in diesem Jahrhundert geboren worden sind und nicht erst, wenn das Universum in vollendeter Pracht auf Ihre Ankunft vorbereitet gewesen wäre. Undankbarkeit ist wichtig für ein schlechtes Leben. Am besten sind Sie undankbar dafür, dass Sie überhaupt auf der Welt sind, gesund ja, intelligent ja, aber empörenderweise nicht mit einem Gesicht wie George Clooney oder Charlize Theron. Konzentrieren Sie sich auf alles, was schiefläuft – und was funktioniert, ist nicht der Rede wert.

Die leise Stimme der Vernunft

Bei einer Fahrradtour spüren Sie den Gegenwind sofort. Rückenwind hingegen fällt Ihnen kaum auf. Die US-Psychologen Tom Gilovich und Shai Davidai sprechen von der »Gegenwind/Rückenwind-Asymmetrie«, die sie 2016 im »Journal of Personality and Social Psychology« erläuterten. Diese spielt nicht nur bei Fahrradtouren, sondern ganz allgemein eine Rolle. Die Schwierigkeiten im Leben, die Hürden und Stolpersteine, fallen uns viel stärker auf als alles, was rundläuft. Wir ärgern uns über die mühsamen Typen, die uns überall im Weg stehen. Darüber, dass beim Öffnen der Milchpackung immer ein bisschen herausspritzt. Über die Unzulänglichkeiten unserer Freunde. Die Litanei an Software-Updates. Die Formulare für die Krankenversicherung. Und natürlich über die Verspätung der Bahn.

Dabei ignorieren wir die Rückenwinde – obwohl sie im Leben viel kräftiger blasen. Denken Sie an die Tatsache, dass Sie sich (es sei denn, sie gehören zu den allerjüngsten Leserinnen und Lesern dieses Buches) schon weit jenseits der natürlichen Lebenserwartung befinden. Denken Sie daran, dass Sie auf einen unendlichen Schatz an Wissen und Weisheiten zugreifen können – und daran, dass der Preis eines guten Buches in keinem Verhältnis zu dem Nutzen steht, den Sie daraus ziehen können. Denken Sie daran, dass Sie in einem Land leben, in dem Sie Ihre Meinung frei aussprechen dürfen. Dafür haben Ihre Vorfahren gekämpft, ohne dass Sie je dafür bezahlen müssen.

Auf dem Weg ins Büro fahre ich mit dem Fahrrad – manchmal mit Rücken-, manchmal mit Gegenwind – täglich über die Kirchenfeldbrücke in Bern (wo übrigens der Roman *Nachtzug nach Lissabon* des Schweizer Autors Peter Bieri alias Pascal Mercier anfängt). Wie viel kostet mich diese Überfahrt? Geschenkt! Ich musste keinen einzigen Eisenträger selbst montieren. Das hat eine andere Generation für mich erledigt. Das Fahrrad wurde über Jahrhunderte perfektioniert, ohne dass wir irgendjemandem eine Lizenzgebühr schulden. 99 Prozent der Dinge, die wir nutzen – vom Bleistift über das Alphabet bis hin zur Kaffeemaschine – funktionieren reibungslos. Das gilt selbst für den Körper: Unser Immunsystem eliminiert in der Zeit, die wir brauchen, um diesen Satz zu lesen, Milliarden schädlicher Viren und Bakterien. Unermüdlich und völlig kostenlos. Überhaupt wird uns das meiste in unserem Leben geschenkt – die Landschaft, das Sonnenlicht, die Wärme auf der Haut und vor allem die Fähigkeit, das alles zu erleben. Denken Sie an den Rückenwind, wenn Ihre Maschine das nächste Mal in einer Warteschleife kreist und Sie – auf einem Sessel im Himmel! – ungeduldig auf die Landung warten.

24

VERTRAUEN SIE IHREM BANKER

Wenn Sie ein schlechtes Leben ansteuern, lassen Sie sich von abstrusen Anreizsystemen leiten. Besuchen Sie Schulen, in denen Auswendiglernen statt Verständnis bewertet und belohnt wird. Als Journalistin schreiben Sie für Gratismedien, die sich über Reichweite finanzieren. Sie werden skandalöse Headlines über sachliche Berichterstattung stellen. Als Banker bringen Sie Ihre Kunden dazu, dass sie möglichst oft an der Börse handeln – schließlich wirft das für die Bank ganz schön was ab, Geld, das Sie direkt aus der Tasche Ihres Kunden ziehen. Als Ärztin empfehlen Sie komplizierte OPs, auch wenn sie gar nicht nötig wären. Damit können Sie Ihr Einkommen ganz schön aufbessern. Wo immer irgendein Anreiz winkt, nicken Sie eifrig und sagen Sie Ja – zu einem letztendlich unguten Leben.

Die leise Stimme der Vernunft

Wenn Sie einen Menschen nicht verstehen, suchen Sie den Grund nicht gleich in seiner Persönlichkeit, stochern Sie nicht in seiner Kindheit herum, analysieren Sie nicht seine Familienkonflikte, zweifeln Sie nicht an seiner Intelligenz – nein, schauen Sie zuerst, in welchem Anreizsystem sich dieser Mensch bewegt. 90 Prozent des menschlichen Verhaltens sind durch sogenannte Incentive-Systeme zu erklären. Charlie Munger schrieb dazu: »Zeig mir das Anreizsystem, und ich sage dir das Ergebnis voraus.« Die meisten Menschen reagieren sofort und konsequent auf starke Anreize – selbst wenn diese ethisch fragwürdig sind oder überhaupt keinen Sinn ergeben. Das ist die sogenannte »Incentive-Super-Response-Tendenz«. Die logische, aber tragische Folge: Idiotische Incentive-Systeme führen zu idiotischem Verhalten.

Beachten Sie zwei Aspekte. Erstens: Werden Sie nicht Initiator eines idiotischen Anreizsystems. Zweitens: Werden Sie nicht Opfer eines solchen. Aber der Reihe nach. Als Anwalt sind Sie an der Zufriedenheit Ihrer Klienten interessiert. Als Therapeutin an der Gesundheit Ihrer Patienten. Als Berater am Erfolg Ihrer Kunden. Vor allem aber sind Sie an Ihrem persönlichen Einkommen interessiert. Das heißt, Sie haben einen eingebauten Anreiz, möglichst viele Stunden in Rechnung zu stellen – weit mehr, als nötig wäre. In allen drei Berufen sind Sie in einem fragwürdigen Anreizsystem gefangen, weil Sie, wenn Sie auf Ihren eigenen Vorteil schauen, automatisch Ihren Klienten, Patienten oder Kunden finanziellen Schaden zufügen und eine langfristige Vertrauensbeziehung aufs Spiel setzen. Wenn Ihr Klient den Verdacht schöpft, dass Sie als Anwalt zu viele Stunden in Rechnung stellen, ist das Vertrauen weg. Schlimmer noch: Nicht nur das Vertrauen in Sie als redlichen Menschen, sondern – via »Halo-Effekt« – selbst das Vertrauen in Ihre fachliche Kompetenz. Sie verlieren Geld und Reputation.

Ein anderes Beispiel: Verkäufer erhalten meist eine Kommission auf das durch sie generierte Verkaufsvolumen. Das ist nicht weiter problematisch. Kontraproduktiv wird es aber dann, wenn die Abrechnung quartalsweise erfolgt und ab einer gewissen Umsatzschwelle eine höhere prozentuale Provision in Anwendung kommt. Das führt zu sogenanntem »Channel-Stuffing« – der Verkäufer drückt alle Umsätze des Jahres in ein einziges Quartal, während ihm die restlichen Quartale egal sind.

Auch in der Wissenschaft herrscht ein ziemlich abstruses Belohnungssystem. Als Wissenschaftlerin wird Ihre Karriere zum großen Teil davon bestimmt, wie viele Artikel Sie in welchen Zeitschriften publizieren und wie oft diese Artikel zitiert werden. Sie mögen eine brillante Forscherin sein, folgen damit aber einer ähnlichen Logik wie der dumpfbackigste YouTube- oder TikTok-Star. Statt in Forschung investieren Sie eine Menge Ihrer kostbaren Zeit in blindwütiges Publizieren. Bevor Sie sich als junger Mensch entscheiden, in der Forschung zu arbeiten, machen Sie sich klar, wie der Wissenschaftsbetrieb funktioniert. Die Zeiten, in denen sich Albert Einstein und Niels Bohr wohlformulierte Briefe schrieben und damit ihre Forschung dokumentierten, die sind leider vorbei.

Zum zweiten Punkt: Werden Sie nicht Opfer eines idiotischen Anreizsystems. Ihr Banker beispielsweise hat den Anreiz, möglichst viele Finanzprodukte mit möglichst hoher Management-Gebühr zu verkaufen. Und er möchte Sie dazu bringen, möglichst häufig an der Börse zu handeln, denn jede Transaktion generiert Gebühren. Das ist gut für die Bank und den Banker – aber schlecht für Sie. Deshalb: Never trust your banker. Nicht weil er ein schlechter Mensch wäre – sein Incentive-System steht einfach im Gegensatz zu Ihren Interessen.

Wenn Sie über die Gefahr von idiotischen Anreizsystemen Bescheid wissen, gehen Sie ganz anders durch die Welt. So wie ein Chemiker alles aus der Molekularperspektive betrachtet, werden Sie das Treiben der Menschheit aus der Incentive-Perspektive sehen. Halten Sie sich das Sprichwort stets vor Augen: »Don't ask your barber if you need a haircut« (»Fragen Sie nie Ihren Friseur, ob Sie einen Haarschnitt benötigen«). Das schützt Sie nicht nur vor abenteuerlichen Frisuren – sondern auch davor, falschen Anreizsystemen zu folgen.

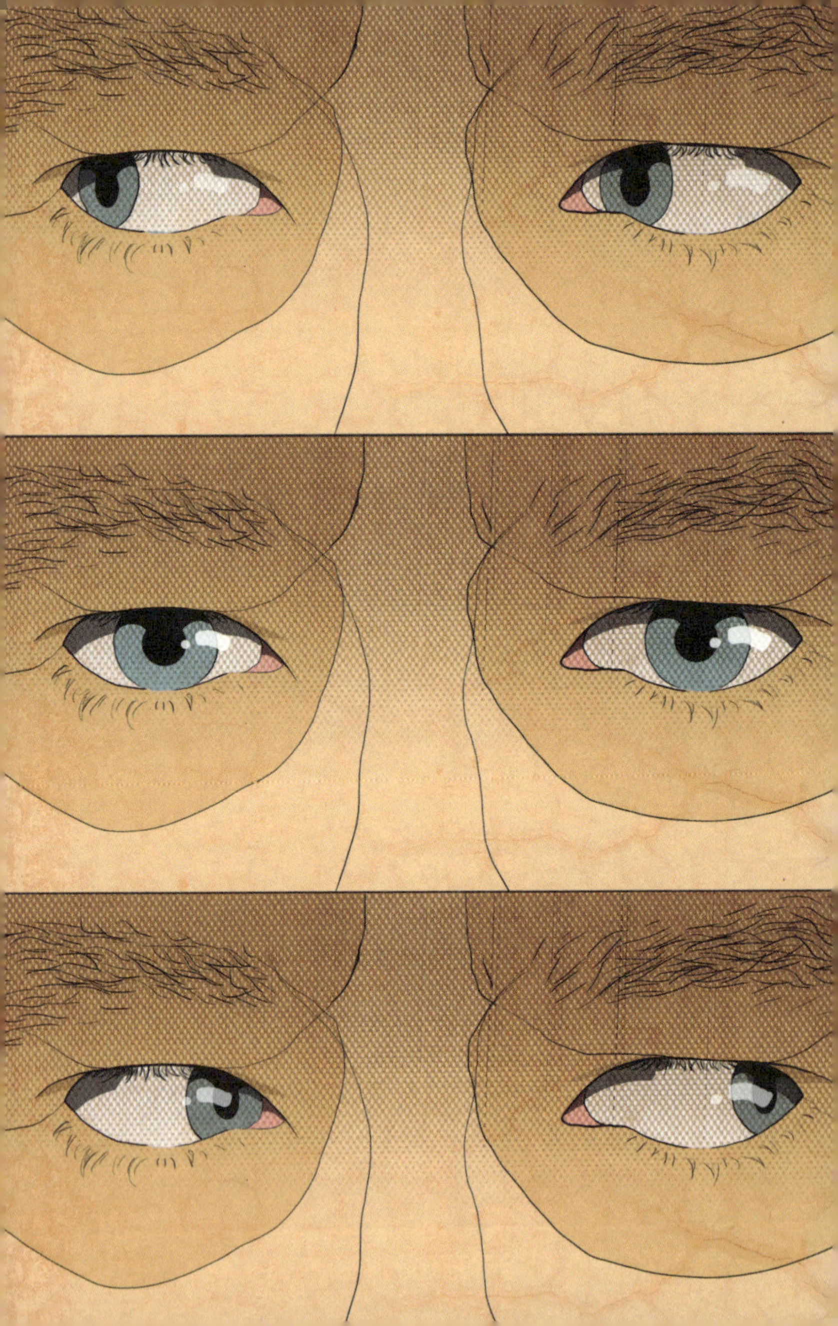

25

SEIEN SIE PARANOID

Jeder ist hinter Ihnen her. Alle wollen Ihnen ein Bein stellen. Die ganze Welt hat sich gegen Sie verschworen. Gönnen Sie sich diesen aufbauenden Gedanken. Überall werden Sie kritische Blicke sehen. Überall tuschelnde Stimmen hören. Und wenn Ihnen etwas Schlechtes widerfährt, fassen Sie das als eindeutigen Beweis auf, dass Ihr Umfeld tatsächlich nur ein Ziel hat: Ihren Sturz, Ihren Ruin, Ihren Untergang. Durchdrungen von Stress und Angst, bekommen Sie nichts Produktives mehr hin. Ihre Karriere können Sie vergessen. Kreativität? Abschminken. Leichtigkeit? Das wäre Ihr Verderben. Wahrscheinlich wird man Sie als paranoid bezeichnen. In Wahrheit sind Sie aber nur wachsam. Freundschaften? Sind immer nur vorläufig. Jemand ist nett zu Ihnen? Seien Sie auf der Hut: Er oder sie will garantiert irgendetwas von Ihnen. Im Gegensatz zu Ihren blauäugigen ehemaligen Freunden sehen Sie den Menschen eben genau so, wie er ist: als ein Biest, das angreift, sobald es kann.

Der US-Investor Warren Buffett führt einen der weltgrößten Konzerne – fast 400 000 Mitarbeiter – mit einem Team von nur 20 Personen, seine persönliche Assistentin inklu-

sive. Er spricht von der idealen Führung als einem »seamless web of deserved trust«, einem nahtlosen Netz verdienten Vertrauens. Das spart Bürokratie, Überwachung und Controlling. Sie hingegen sind nicht so naiv: Es gibt kein hundertprozentiges Vertrauen, noch nicht mal zehnprozentiges. Falls Sie Manager sind, haben Sie die einfache Wahl: Mikromanagement oder Untergang. Im Privaten gilt dasselbe: Ihr Ehevertrag sollte mindestens 50 Seiten umfassen, sonst heiraten Sie besser nicht. Und lassen Sie Ihr Kind niemals ohne Tracking-Device (AirTag, Apple Watch etc.) aus dem Haus.

Vertrauen ist Bronze, Vorsicht ist Silber, aber Misstrauen ist Gold. Diese Lebenshaltung wird Ihnen jegliche Leichtigkeit und Lebensfreude rauben – aber nur dank ihr behalten Sie die Bodenhaftung. Und sollte irgendwann gänzlich unerwartet ein angenehmes Lüftchen durch Ihr Leben säuseln, dann trauen Sie ihm auf keinen Fall. Da hinten braut sich ein Sturm zusammen.

Die leise Stimme der Vernunft

Misstrauen in ungewohnten Situationen ist rational. Beispiel: Ihr Banker empfiehlt Ihnen ein neues »strukturiertes Produkt« (mit einer zufälligerweise hohen Management-Fee). Oder: Sie bekommen eine E-Mail von einem afrikanischen König, der Ihnen sein Erbe überlassen möchte. Hier ist Skepsis die einzige vernünftige Reaktion. Misstrauen ist auch angebracht, wenn Ihnen jemand widersprüchliche Informationen gibt. Wenn Fakten und Erzählungen nicht übereinstimmen. Wenn etwas zu gut klingt, um wahr zu sein. Wenn jemand Sie drängt, schnell zu entscheiden, besonders wenn es um Finanzielles geht. Und wenn jemand, den Sie eigentlich gut kennen, plötzlich und ohne erkennbaren Grund sein Verhalten ändert. Kurzum, gesundes Misstrauen schützt Sie vor Stolpersteinen.

In zwei Fällen ist Misstrauen hingegen kontraproduktiv: Erstens, wenn es sich nach vielen Jahren der reibungslosen Zusammenarbeit nicht in Vertrauen verwandelt. Wenn Sie beispielsweise meinen, nach zehn tadellosen Ehejahren die E-Mails Ihres Lebenspartners mitlesen zu müssen, dann stimmt etwas nicht mit Ihnen. Zweitens, wenn Misstrauen in Paranoia umschlägt. Paranoia, das sind extreme und irrationale Überzeugungen, die nichts mit der Realität zu tun haben – wenn Sie also zum Beispiel überzeugt sind, Ihr Nachbar habe seit Jahren Abhörgeräte in Ihrem Garten installiert, obwohl Sie keinen einzigen Hinweis dafür haben. Klar: Jeder kann mal einen irrationalen Gedanken haben. Problematisch wird es, wenn solche Wahnvorstellungen häufig vorkommen. Paranoia killt Ihre Lebensfreude, Ihre Beziehungen und nicht zuletzt Ihre Effizienz – weil Paranoia massiv Hirnkapazität in Beschlag nimmt. Daher: Fügen Sie Paranoia der Not-To-Do-Liste zu.

Wie kriegen Sie diese Extremform von Misstrauen in den Griff? Erstens: Betrachten Sie die Welt objektiv, vielleicht mithilfe eines Freundes. Wo genau liegt die Evidenz, dass die Welt sich gegen Sie verschworen hat? Nehmen Sie ein Blatt Papier, und schreiben Sie Ihre Beobachtungen auf. Ich garantiere Ihnen: Wenn Sie objektiv sind, wird das Blatt leer bleiben. Zweitens: Gehen Sie davon aus, dass Sie nicht so wichtig sind, wie Sie glauben. Die Leute haben anderes zu tun, als Ihnen ständig Fallen zu stellen. Drittens: Wenn es mit der Vernunft allein nicht geht, nehmen Sie Medikamente, die Sie ruhiger machen. Die gibt es, und sie funktionieren. Sie bekommen sie von Ihrem Arzt – und nein, Sie sind nicht sein Versuchskaninchen.

26

NEHMEN SIE DIE ANDEREN NICHT ERNST

Interesse an anderen Menschen? Sparen Sie es sich. Tun Sie nicht mal oberflächlich so, als würden Sie an ihren Freuden und Leiden teilhaben. Hören Sie passiv zu, wenn überhaupt. Und lassen Sie andere ruhig spüren, was Sie von ihnen halten: nämlich nichts. Merken Sie sich auch keine Namen. Es genügt völlig, wenn Sie Ihren eigenen kennen und diesen möglichst oft in die Welt posaunen. Sich Namen von anderen einzuprägen ist pure Verschwendung von Hirnkapazität. Überlassen Sie das den Politikern. Ihr Gegenüber könnte genauso gut auf einen anderen Namen getauft worden sein. Eine völlig arbiträre Sache also. Es genügt, dass Sie in Richtung dieser Person reden, ganz gleich, welchen Namen dieses Gesicht trägt.

Wenn Ihnen jemand mit einer schlimmen Geschichte kommt, dann gehen Sie nicht darauf ein, sondern wischen Sie einfach alles weg mit einem Satz wie: »Ist doch nicht so schlimm«, »Das wird schon wieder« oder »Nur nicht überreagieren«. Sie können auch einfach milde lächeln – dann merkt Ihr Gegenüber selbst, dass es übertreibt. Oder Sie sagen: »Das passiert ständig irgendjemandem auf der Welt«, was der puren Wahrheit entspricht.

Das Nicht-Ernstnehmen ist die Firewall, die Sie vor den Emotionen der anderen schützt. Empathie würde diese Mauer durchlöchern: Plötzlich hätten Sie die Gefühle anderer wie fremde Passagiere mit an Bord auf Ihrer Reise durchs Leben. Immerhin hat Sie ja niemand bezahlt, andere ernst zu nehmen, oder? Ergo sollten Sie es auch nicht tun. Dafür gibt es Psychologen mit einem hohen Stundensatz.

Für ein miserables Leben empfehle ich Ihnen, nicht nur die Gefühle Ihres Gegenübers zu ignorieren, sondern auch seine Ansichten, Denkweisen und Ideen. Stellen Sie sich vor, jemand anders als Sie hätte recht. Dann müssten Sie ja Ihren Standpunkt revidieren! Und das werden Sie sicher nicht tun, denn wie jeder Connaisseur des miserablen Lebens wissen Sie, dass die Welt sich um Sie dreht. Alle anderen sind vernachlässigbar. Natürlich können Sie zur Not etwas Interesse am anderen heucheln. Fragen Sie ihn zum Beispiel, was er zum Frühstück gegessen hat. Oder fragen Sie ihn doch ein dutzend Mal, wie er heißt, und vergessen es gleich wieder. Damit ist genug Interesse vorgetäuscht.

Die leise Stimme der Vernunft

Das Buch *Die 7 Wege zur Effektivität* (im Original: *The 7 Habits of Highly Effective People*) des US-Autors Stephen R. Covey ist ein Evergreen zum Thema persönliche Entwicklung. Eine von Coveys sieben Regeln lautet: »Versuch zuerst zu verstehen – und dann, verstanden zu werden«. Um zu »verstehen«, genügt normales Zuhören nicht. Sie müssen eine Stufe höher schalten. Covey nennt das »empathisches Zuhören«. Das ist der aufrichtige Versuch, die Gedanken der anderen Person nachzuvollziehen und ihre Emotionen nachzuempfinden. Die meisten Menschen hören nur Teile des Gesprächs – nämlich die, die sie hören wollen. Empathisches Zuhören aber erfordert, dass man sich ganz auf den Sprechenden einlässt. Ohne Handy auf dem Tisch, ohne Ablenkung, ohne Vorurteile.

Die Pluspunkte des empathischen Zuhörens liegen auf der Hand: Erstens bauen Sie Vertrauen zu Ihrem Gegenüber auf. Sie oder er wird daher offener dafür sein, Ihren eigenen Standpunkt zu hören, wenn es so weit ist. Zweitens müssen Sie, wenn Sie richtig zuhören, keine Annahmen über Beweggründe treffen. Wenn Sie Ihrem Gegenüber Zeit geben, werden sie automatisch zu Sprache kommen. Drittens und eigentlich banal: Ein Problem lässt sich besser lösen, wenn man verschiedene Sichtweisen darauf hat.

Nun ist das empathische Zuhören nicht jedermanns Sache. Die meisten Menschen kommunizieren das Wichtige zwischen den Zeilen. Das heißt, es braucht eine minimale Lebenserfahrung, um das Gesagte nicht einfach wörtlich zu nehmen. Außerdem dürfen Sie keine allzu starken eigenen Emotionen entwickeln, sonst hören Sie nicht mehr objektiv zu.

Für Menschen mit autistischen Zügen ist das Entschlüsseln der Botschaften eines Gesprächspartners unheimlich anstrengend. Das wird beispielsweise in der Filmbiografie *The Imitation Game* über den Mathematiker Alan Turing deutlich. Menschen wie Turing wäre es am liebsten, das Gesagte läge in Form von Fakten schwarz auf weiß auf dem Tisch. Würde alle Welt wie sie kommunizieren, gelänge es wohl effektiver und mit weniger Missverständnissen.

Die Psychologie beschäftigt sich seit einigen Jahrzehnten mit dem »aktiven Zuhören«, und wie sich zeigt, kann man es sich zu einem guten Teil antrainieren – so wie man lernen kann, Musik zu hören oder Kunst zu verstehen. Doch letztendlich lässt sich alles mit der einfachen »4M-Lebensregel« des beliebten Schweizer Politikers und Alt-Bundesrats Adolf Ogi zusammenfassen: »Man muss Menschen mögen«, sagt er.

27

LEBEN SIE IN DER VERGANGENHEIT

Thomas, jetzt Ende fünfzig, ist ein ehemaliger Zweitliga-Fußballer. In seinen Zwanzigern hatte er seine Mannschaft zu zahlreichen Siegen geführt. In seiner Heimatstadt ist sein Name ein Synonym für sportliche Höchstleistungen. Das waren die Jahre, in denen er sich am lebendigsten, am bedeutendsten fühlte. Die Zeit verging, und das Leben nahm unerwartete Wendungen. Aber die glorreichen Zeiten hat Thomas nie wirklich hinter sich gelassen. Sein Haus wirkt wie ein Schrein zu Ehren der Vergangenheit, geschmückt mit Trophäen, alten Fotos und Zeitungsausschnitten aus seiner aktiven Fußballzeit. Wenn er alte Freunde trifft – manche nennen ihn spaßeshalber immer noch »Marathomas«, einst Referenz an den argentinischen Dribbelkünstler Diego Maradona – drehen sich die Gespräche immer um diese vergangenen Zeiten. Vor zehn Jahren bot man Thomas an, das lokale U14-TEAM zu trainieren. Das wäre eine Chance gewesen, seine Fußballleidenschaft wieder auszuleben. Aber er lehnte ab. Kinder trainieren, das war dann doch unter dem Niveau von Marathomas und würde wahrscheinlich seine Erinnerungen trüben. So hat es sich Thomas in der eigenen Vergangenheit bequem

gemacht, und er lebt so tief darin versunken, dass er nicht das geringste Interesse hat, einen Schritt hinaus ins Hier und Jetzt zu wagen.

Wenn Sie also das Leben verpassen möchten, machen Sie es wie Thomas: Leben Sie im Gestern. Das hat den Vorteil, dass Sie immer genau wissen, wie sich alles anfühlt. Sie spulen die Endlosschleife einfach immer wieder ab. Schwelgen Sie in den gloriosen alten Zeiten. Oder – falls Sie es etwas dunkler mögen – durchleben Sie noch einmal die früheren Katastrophen. Trauern Sie vergangenen Liebschaften nach, verlorenen Jobs und der Zeit mit Ihren kleinen Kindern. Die Vergangenheit wird Sie so sehr in Beschlag nehmen, dass kaum Zeit für die Gegenwart bleibt. Sie stecken im ausgehärteten Beton Ihrer eigenen Vergangenheit fest.

Die leise Stimme der Vernunft

Wie viel Lebenszeit soll man der Vergangenheit widmen? So wenig wie nur möglich. Die Vergangenheit hingegen als Ressource zu nutzen, Lehren aus ihr zu ziehen, Illusionen abzuschütteln, bringt Sie nicht nur lebendig durch die Gegenwart, sondern auch erfolgreich in die Zukunft. Am besten schreiben Sie diese Lehren auf, in ein Notizbuch, das Sie periodisch durchlesen. Damit können Sie die Vergangenheit guten Gewissens beerdigen. Die dunklen Phasen des Lebens gedanklich immer wieder durchzuspielen, macht sie ohnehin nur noch dunkler. Und die schönen? Damit ist es wie mit Lieblingsmusik: Es fühlt sich natürlich gut an, sie zu hören, aber Ihr Leben wird sich dadurch allein nicht verändern.

Unter den erfolgreichen Menschen in meinem Bekanntenkreis gibt es keine Nostalgiker. Sie verwenden kaum gedankliche Energie auf die Vergangenheit. Haben sie ihre Lektionen daraus gezogen – gibt es im Gestern nichts mehr zu holen, was im Heute noch nützlich sein könnte –, konzentrieren sie sich auf die Zukunft.

Die Anhänger der Stoa (eine philosophische Schule vor rund zweitausend Jahren) hielten es ähnlich: Es gibt Dinge, die man verändern kann, und solche, die sich unserem Zugriff verweigern. Die Vergangenheit gehört zweifellos zu letzteren. Akzeptieren Sie sie einfach. Es sich anders zu wünschen ist sinnlos. Und machen Sie kurzen Prozess damit: Wenn Sie fünf Jahre lang zum Psychotherapeuten gehen, um Ihre Vergangenheit »aufzuarbeiten«, machen Sie etwas falsch.

Leider fällt uns das offensichtlich schwer. Ganze Nationen stecken in ihrer Geschichte fest. Viele Staatsführer verweisen auf eine glorreiche Vergangenheit – die es so nie gegeben hat –, um ihrem Volk ein Gefühl von Identität zu vermitteln und ihre Macht zu legitimieren. Das ist gefährlich, denn es führt zu Geschichtsklitterung, politischem Revanchismus und idiotischen Entscheidungen (siehe Russland). Staaten hingegen, die keinen Ursprungsmythos (Taiwan) oder ihn größtenteils entzaubert (Schweiz) haben, sind freier und handeln rationaler.

Mein erster Job nach dem Studium war bei der Swissair. Wie stolz ich war, auf den Flughäfen der Welt »unsere« Maschinen zu sehen! Nach dem Bankrott der Fluggesellschaft im Jahr 2001 habe ich monatelang diesen gloriosen Zeiten nachgetrauert. Bis mir ein ehemaliger Swissair-Kollege den Kopf gewaschen und mir ins Gesicht gesagt hat: »Hör mal auf. Das Leben findet vorne statt!« Wann immer ich mich dabei erwische, der Vergangenheit nachzutrauern, halte ich mich an folgende Regel: Nicht länger als 30 Sekunden! Ich habe mir antrainiert, geradezu allergisch auf meine private Nostalgie zu reagieren.

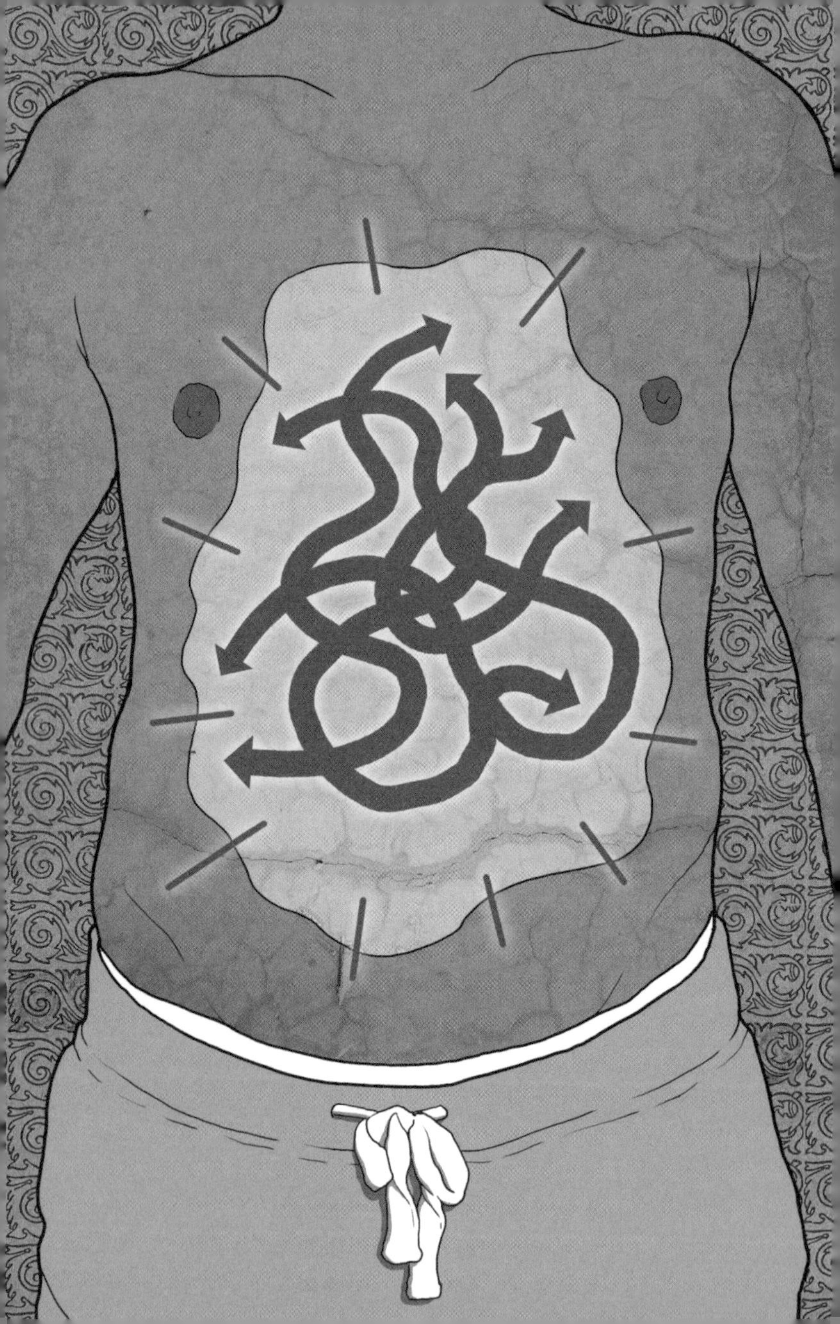

28

HÖREN SIE AUF IHRE INNERE STIMME

Sie sind auf der Suche nach sich selbst? Sie brauchen Orientierung? Ganz einfach: Hören Sie in sich hinein. Dort, tief im Innersten, liegt das Geheimnis Ihrer Identität – Ihre innere Stimme. Sie wissen nicht, was Sie mit Ihrer Zeit anfangen sollen, mit Ihrem Leben, Ihren Beziehungen, Ihrer Karriere? Kein Problem, Ihre innere Stimme wird es Ihnen verraten. Vertrauen Sie ihr stets. Sie wird Ihrer Bitte um Rat und Inspiration nur zu gerne nachkommen, wird jede kleine Gedankenpause füllen – mit Sorgen, Ängsten, Wünschen, Warnungen, Erinnerungen und To-Dos, mit aufgeschnappten Soundbites, Peinlichkeiten aus Ihrer Jugend, mit Dingen, die passiert, und solchen, die nie passiert sind. All das liefert Ihnen die innere Stimme, oft auch unaufgefordert. Bunt wie eine YouTube-Playlist und immer schön auf Ihre minütlichen Interessen und Bedürfnisse eingehend. Denn die innere Stimme ist – wie es so schön heißt – Ihr Kompass. Ihr Kompass für ein erbärmliches Leben.

Um richtig schlecht zu leben, sollten Sie hundert Dinge anpacken und nichts richtig zu Ende bringen – und genau dabei hilft Ihnen Ihre innere Stimme. Sie springt von einem

Thema zum anderen. Und dann wieder zurück. Sie fordert das eine und gleich darauf das Gegenteil. Ihr Leben wird einem hektischen Zickzack gleichen, ohne Ziel und Sinn. Und vor allem werden Sie sich nie mehr langweilen, denn Ihre innere Stimme ist durchaus fähig, 24 Stunden am Tag zu plaudern, sieben Tage die Woche. Hören Sie ihr aufmerksam zu, und hinterfragen Sie nie, was sie sagt. Wer so viel plappert, muss doch jede Menge wissen!

Die leise Stimme der Vernunft

Es heißt, der Mensch habe pro Tag hunderttausend Gedanken. Macht etwa zwei pro Sekunde, die Schlafzeit ausgenommen. Eine plausible Zahl, wie eine Selbstbeobachtung schnell bestätigen kann. Die wenigsten dieser Gedanken sind gewollt. Die wenigsten sind originell. Und noch weniger sind relevant. Dieses Gedankengewirr kann man zusammenfassend als »innere Stimme« bezeichnen – ein unaufhörlich speiender Vulkan heißer und sogleich wieder erkaltender Gedankensplitter. Sich von diesem Chaos Orientierung zu erwarten ist schon fast kriminell idiotisch. Vier Anmerkungen dazu.

Erstens: Sie sind nicht Ihre innere Stimme. Sie sind bloß ihr Zuhörer. Sie entscheiden, ob Sie überhaupt zuhören möchten. Weil die innere Stimme meist ein Störsender ist, empfehle ich Ihnen, sie möglichst nicht zu beachten. Verbannen Sie sie auf die Not-To-Do-Liste. Die innere Stimme ist nie zufrieden. Sie meldet ständig ein Problem. Schlägt Alarm. Erinnert Sie an etwas, das auf keinen Fall passieren oder vergessen werden darf. Ihre innere Stimme inszeniert ein Nonstop-Melodrama.

Zweitens: Ausschalten kann man die innere Stimme leider nicht. Außer vielleicht, Sie schaffen, was mir noch nie gelungen ist: zu meditieren und alle Gedanken auszublenden. Aber selbst wenn Sie darin besser sind als ich, werden Sie nicht 24 Stunden pro Tag meditieren können. Sobald die Ruhe der (gelungenen) Meditation vorbei ist, setzt die Kakofonie wieder ein. Also müssen wir anders mit diesem Stimmengewirr umgehen. Lösung: Notieren Sie sich die wenigen relevanten Meldungen aus Ihrem Kopf auf Papier bzw. in einem Kalender oder auf einer To-do-Liste. Tun Sie das laufend. Mein iPhone zum Beispiel ist so programmiert, dass ich mit einem Druck auf den rechten Seitenknopf einen Gedanken ins Micro sprechen kann, der sofort als Notiz in meiner To-do-Liste erscheint. Ich muss weder eine App öffnen noch einen Buchstaben tippen, muss weder das Zähneputzen noch das Kochen unterbrechen. Mit der Zeit legt sich das Stimmengewirr, denn ich weiß: Die wichtigen Gedanken sind abgelegt, ich muss sie nicht mehr länger im Kopf herumtragen. Zweimal die Woche gehe ich die To-do-Liste durch und konvertiere die Notizen in Kalendereinträge, füge ihnen Deadlines zu oder – ganz wichtig – lösche das, was sich bei genauerem Nachdenken als unwichtig erweist. Schluss mit dem Gedankenstau. Schluss mit den sich unendlich wiederholenden Gedanken-Loops.

Drittens: Ihre innere Stimme hat erstaunlich wenig mit der Realität zu tun. Was uns stresst, ist meist nicht die Realität, sondern es sind unsere Gedanken. Bleiben

Sie in der Welt da draußen. Packen Sie die echten Probleme an. Konzentrieren Sie sich auf Ihre langfristigen Ziele und die Aufgaben, die heute anstehen. Das gibt Ihnen klare Orientierung.

Viertens: Auch wenn es um die Orientierung im großen Ganzen geht, also um die Frage, was Sie mit Ihrem Leben anfangen wollen, hören Sie bewusst nicht auf die innere Stimme. Schauen Sie auf Ihre handfesten Fähigkeiten. Worin sind Sie nachweislich gut? Konzentrieren Sie sich darauf. Angenommen, die innere Stimme sagt Ihnen unter der Dusche in einem Anflug von Begeisterung: »Werde Sänger!«, aber Sie können viel besser rechnen als singen, dann werden Sie Buchhalter, Wirtschaftsprüfer oder Statistiker. Die Welt braucht begabte Zahlenmenschen. Schlechte Sänger braucht sie nicht.

29

GLAUBEN SIE AN DEN RATIONALEN MENSCHEN

Wenn Sie es lieben, gegen Wände zu reden oder sich an solchen den Kopf einzurennen, dann sollten Sie Ihre Mitmenschen mit Überzeugung als rationale Wesen betrachten. Versuchen Sie, Ihre Lebenspartnerin, Ihre Mitarbeiter, Ihre Chefin, Ihre Kunden oder Ihre Nachbarn mit glasklaren Argumenten auf Ihre Seite zu ziehen, und Sie werden im Nu Ihren eigenen Verstand verloren haben.

Versuchen Sie zum Beispiel, Ihre Frau davon abzuhalten, das siebzehnte Paar Schuhe zu kaufen. Argumente haben Sie genug, doch Sie werden auf taube Ohren stoßen. Oder versuchen Sie, Ihren Mann mit Vernunftgründen davon zu überzeugen, dass ein Auto keine 300 PS braucht.

Haben Sie Geld an der Börse investiert? Dann vertrauen Sie darauf, dass die anderen Investoren genauso rational vorgehen wie Sie und dass der Börsenkurs den Wert eines Unternehmens stets korrekt abbildet. Ist doch logisch, oder? Sie nehmen damit freilich in Kauf, dass Sie jedes Schnäppchen verpassen werden – dann zum Beispiel, wenn an den Aktienmärkten wieder einmal Panik ausbricht. Und Sie werden auch Bubbles erst erkennen, nachdem sie geplatzt sind.

Wenn Sie als Politikerin oder Politiker auf Misserfolg aus sind, verlassen Sie sich einfach darauf, dass Ihre Wähler Sie aufgrund Ihres beneidenswerten IQs, Ihrer brillanten Ideen und Ihrer wasserdichten Argumente wählen – was garantiert nicht passieren wird. Tatsächlich werden Ihre viel dümmeren Konkurrenten die Wahl gewinnen. Und zwar weil sie so sympathisch aus den Plakaten herauslächeln, abgedroschene Floskeln von sich geben, unermüdlich Hände schütteln und Babys küssen.

Möchten Sie bei der nächsten Verhandlung mit einem möglichen Geschäftspartner unbedingt scheitern? Dann brüten Sie todernst über Vertragsinhalte, ohne je nach seiner Frau, seinen Kindern oder seinen Hobbys und Ferienplänen zu fragen.

Am tragischsten werden Sie allerdings scheitern, wenn Sie – liebe Leserin, lieber Leser – von sich selbst glauben, rational zu sein. Ihre Verblendung wird Sie blind für die Tatsache machen, dass Sie sich laufend selbst überschätzen, sich in Ihre eigenen Ideen verlieben und unangenehme, aber wichtige Angelegenheiten verschieben, indem Sie irgendeinen (unvernünftigen) »Grund« vorschieben.

Die leise Stimme der Vernunft

Die Arbeit von Ökonomen fußte lange Zeit auf dem Idealbild des »rational man« oder »Homo oeconomicus«. Wirtschaftswissenschaftler nahmen an, dass Menschen stets gründlich räsonieren würden, unbeschränkte Willenskraft hätten, ausschließlich den eigenen Wohlstand maximierten, blitzschnell denken könnten und jederzeit vollständige Informationen besäßen. Das Resultat dieser falschen Annahme sind die vielen nutzlosen Vorhersagen, für welche die Ökonomie lange berüchtigt war. In den 1970er-Jahren setzte ein Umdenken ein. Immer häufiger entdeckte man systematische Abweichungen von der Vernunft. Die Ökonomie entdeckte die Psychologie für sich. Gleichzeitig veränderte sich die Psychologie zum Besseren. War sie lange ein Konvolut unqualifizierbarer Behauptungen gewesen (Stichwort Sigmund Freud), etablierte sie sich nun zu einer empirischen Wissenschaft. Heute wissen wir, was man intuitiv schon immer wusste: dass Menschen selten rational handeln. Anders ausgedrückt: Wenn Sie davon ausgehen, dass Menschen rational handeln, werden Sie ständig gegen Wände laufen.

Dass Menschen nicht nach logischen Prinzipien agieren, heißt nicht, dass ihr Verhalten nicht vorhersehbar ist. Die Prognose-Regeln sind bloß ein bisschen komplizierter, als wenn man reine Rationalität zugrunde legt. Die meisten dieser Regeln eignen wir uns automatisch an wie die Muttersprache – aber eben nicht alle. Wenn Sie nicht von Natur aus ein exquisites Feingefühl für Menschen haben, müssen Sie das »Menschen-Studium« bewusst vertiefen. Ich empfehle jedem, der ins Berufsleben startet, ein Lehrbuch der Sozialpsychologie zu lesen. Die Lektüre kostet Sie vier Wochen nonstop Lesezeit, wird Sie aber reich belohnen: mit den wichtigsten Einsichten in die Motive und Verhaltensweisen anderer. Das wird Ihnen ein Leben lang von Nutzen sein, beruflich und privat. Auch bauen Sie damit eine Art psychologische Firewall gegen Manipulationsversuche auf. Sie werden weniger anfällig für Werbung, und Sie werden Verhandlungstaktiken Ihrer Gegenspieler frühzeitig erkennen.

Denken Sie daran, dass wir Menschen oft wie Anwälte agieren: Wir haben unsere Haltung bereits eingenommen (oder besser: unsere Emotionen, unser Bauchgefühl und unser Unbewusstes haben das für uns getan), und nun legen wir uns nachträglich die dazu passenden Argumente zurecht.

Werden Sie sich dieser irrationalen Voreingenommenheit bewusst, und begegnen Sie Ihren Instinkten mit Skepsis. Je früher Sie akzeptieren, dass Menschen nicht rational sind –Sie selbst eingeschlossen –, desto besser werden Sie mit ihnen und mit sich selbst umgehen. Es wäre unvernünftig, die Unvernunft nicht zu akzeptieren.

30

WERDEN SIE NIHILIST

Nehmen Sie sich zehn stille Minuten, und denken Sie über die Sinnlosigkeit des Universums nach. Beim Urknall vor 17,8 Milliarden Jahren formte sich Materie. Die Gravitation ballte diese zu Sternen zusammen, und sie begannen zu leuchten. Rund um die Sterne entstanden Planeten – auch die Erde. Kurz darauf keimte das Leben auf. Millionen von Spezies entstanden und verschwanden. Wir sind eine davon. Egal, was wir tun, in zehn Milliarden Jahren wird sich die Sonne ausdehnen und alles Leben auf der Erde zerstören. Selbst wenn wir aus unserem Sonnensystem fliehen könnten: Irgendwann wird der letzte Stern verlöschen, und dann wird für alle Ewigkeit Dunkelheit herrschen. In einigen Trillionen Jahren besteht das Universum nur noch aus leerem Raum und aus Schwarzen Löchern, die mit der Zeit verstrahlen. Keine Chance für Leben, egal, wie man's angeht.

Düstere Aussichten, nicht? Was Sie, liebe Leserin, lieber Leser, mit Ihrem Leben anfangen, ist kosmisch gesehen komplett egal. Nicht die winzigste Spur wird von Ihnen bleiben – weder Ihre Liebesbriefe noch Ihr Ferienhaus, Ihre Porschesammlung, Ihre Kinder und Enkel ... nicht mal

Ihre Hoffnungen und Gedanken. Alles futsch, alles für nix. Das ist nun mal die Wahrheit, und deshalb sollten Sie sich schleunigst die Sichtweise eines Nihilisten aneignen. Dann brauchen Sie nicht so lange zu warten, bis alles vor die Hunde geht. Sie werden sich schon heute erbärmlich fühlen.

Nun gab es Schlaumeier – die Existenzialisten zum Beispiel, Philosophen wie Sartre und Camus –, die die kosmische Sinnlosigkeit zwar erkannten, aber dafür plädierten, den Sinn doch bitte im Kleinen zu suchen. Einzige Sinnquelle bleibe das persönliche Handeln. Doch wenn das Universum sinnlos ist, warum sollten dann unsere kleinen Handlungen auf diesem winzigen rotierenden Felsbrocken namens Erde sinnvoll sein? Wollen Sie wirklich auf diese Sinn-Vermarkter hereinfallen? Sartres und Camus Argumente sind unlogisch. Das Leben hat keinen inhärenten Sinn, Zweck oder Wert.

Nicht überzeugt? Angenommen, Sie sind Herzchirurg am Unispital und schauen mit Stolz auf die 2678 Menschenleben, die Sie gerettet haben. Das ist doch nicht nichts! Aber was, wenn es Sie nicht gäbe? Dann hätte ein anderer Chirurg diese Stelle inne, und vielleicht hätte er noch mehr Leben gerettet als Sie. Sehen Sie es ein: Wir alle – Sie genauso wie ich – sind komplett ersetzbar, komplett irrelevant. Wenn es Sie nicht gäbe, hätte Ihr Lebenspartner einen anderen Lebenspartner gefunden; vielleicht einen besseren. Das müssen Sie doch ehrlich zugeben. Also: Überzeugen Sie sich jeden Morgen, dass Ihre Existenz im Großen und Ganzen überhaupt keine Bedeutung hat.

Die leise Stimme der Vernunft

Bis ins 19. Jahrhundert gaben uns drei »große Erzählungen« Sinn: Gott, die Aufklärung und der Kommunismus. Der Philosoph Friedrich Nietzsche hat als Erster den Zerfall dieser großen Erzählungen prognostiziert. Spürbar für die Mehrzahl der Menschen im Westen wurde dieser Zerfall erst in der Mitte des 20. Jahrhunderts. Heute geben vierzig Prozent der Amerikaner an, keinen Lebenssinn zu kennen. In Europa dürfte die Zahl ähnlich hoch sein.

Gibt es ein Mittel gegen diese Sinnlosigkeits-Epidemie? Ihnen stehen verschiedene Pfade offen. Entweder Sie verzweifeln an der Absenz einer externen Sinnquelle. Sie werden Nihilist und rutschen in eine Depression ab – kein guter Pfad. Oder: Sie werden zynisch – eine beliebte Wahl von zweitklassigen Journalisten. Oder: Sie geben die Suche nach dem großen Sinn auf und streben nach simpler Happiness – über Konsum und Entertainment. Das funktioniert kurzfristig erstaunlich gut und ist deshalb der meistbeschrittene Pfad.

Ich empfehle Ihnen jedoch einen vierten: Machen Sie etwas aus Ihren Fähigkeiten. Schaffen Sie sich einen Kompetenzkreis, und erlangen Sie darin Meisterschaft. Was immer Sie tun, bleibt zwar kosmisch gesehen noch immer sinnlos. Doch wenn Sie sich überragende Fähigkeiten antrainiert haben, haben Sie der (vorläufig noch existierenden) Welt etwas Wertvolles anzubieten. Sie schaffen Wert – für sich und andere. Das ist der sogenannte »kleine Sinn«, von dem die Existenzialisten gesprochen haben. Diese Verlegenheitslösung hält, was sie verspricht – zwar ist sie kein Sinn-Feuerwerk, aber immerhin ein Sinn-Flämmchen. Um diesen »kleinen Sinn« zu entdecken, müssen Sie keine Madame Curie, kein Aristoteles, kein Thomas Edison oder Einstein sein. 1962 traf Präsident John F. Kennedy bei seinem Besuch im NASA-Hauptquartier zufällig einen Raumpfleger. Als er ihn fragte, was er hier mache, antwortete er nicht »Ich reinige die Toiletten«, sondern: »Ich helfe, einen Mann auf den Mond zu bringen.«

31

SEHEN SIE IN ALLEM EINE KATASTROPHE

Haben Sie leichte Kopfschmerzen? Das muss ein lebensbedrohender Hirntumor sein! Ein leichtes Drücken in der Brustregion? Eindeutig Herzinfarkt. Ihr Lebenspartner nimmt Ihren Anruf nicht entgegen? Klar, wahrscheinlich liegt er/sie mit jemand anderem im Bett. Oder hat einen Autounfall gehabt. Katastrophieren - das Aufblähen von Bedenken ins Gigantische - macht Sie auf effiziente Art zum Nervenbündel. Jetzt kann das trübselige Leben beginnen!

Um Risiken objektiv zu bewerten, schaut man sich eigentlich die sogenannten Base-Rates an, also die statistischen Grundverteilungen. Wie hoch ist die Wahrscheinlichkeit, innerhalb von 24 Stunden an einem Autounfall zu sterben? In der Schweiz liegt sie bei 0,00002 Prozent. Wie hoch ist die Wahrscheinlichkeit, dass Ihr Lebenspartner sein Handy auf stumm gestellt hat, das Handy in eine Pfütze gefallen ist oder das Mobilnetz überlastet ist: zehntausend Mal höher. Aber wer will schon rechnen? Denken Sie immer an die Katastrophe!

Eine Freundin sagt das geplante Kaffeekränzchen ab? Gehen Sie davon aus, dass sie nichts mehr von Ihnen wis-

sen will. Sie sind Student und fallen durch eine Prüfung? Ihr ganzes Leben ist im Eimer. Sie verpassen eine Deadline? Ihre Karriere ist ruiniert. Sie müssen eine Rede halten und verhaspeln sich? Niemand wird Ihren Ausrutscher je vergessen. Ihre Aktien sinken schon den dritten Tag hintereinander? Reservieren Sie sich einen Platz im Armenhaus. Die Tagesschau berichtet von einem Bergsturz in Graubünden, bei dem sich eine Alpkuh den Hinterlauf gebrochen hat? Keine Frage, die Welt steht vor dem Kollaps!

Die leise Stimme der Vernunft

Menschen reagieren auf Negatives viel stärker als auf Positives. Warum ist das so? Negatives kann Sie töten. Positives hingegen höchstens glücklicher machen. Sicher gab es dereinst Jäger und Sammler, die negative Anzeichen nicht beachteten – die dem Säbelzahntiger freundlich zuwinkten, wenn er um die Höhlenwand gesprungen kam. Doch die sind aus dem Genpool verschwunden. Überlebt haben die Angsthasen, die Grübler, die Bedenkenträger. Deren Nachfolger sind wir – nur dank diesen Eigenschaften gibt es uns noch.

Die Medien bedienen sich dieses Prinzips: Negative Schlagzeilen ziehen die Aufmerksamkeit der Leserinnen, Zuhörer und Zuschauerinnen viel stärker an als positive (deshalb sollte man nicht ständig News konsumieren). Man nennt dies »Negativity-Bias«. Es ist also nicht erstaunlich, dass sich 80 Prozent aller Nachrichten mit negativen Inhalten beschäftigen, denn das generiert Umsatz.

Wie bei allen menschlichen Regungen kann das Pendel zu weit in die eine oder andere Richtung ausschlagen. Menschen, die negative Nachrichten nie ernst nehmen, werden blauäugig in eine Katastrophe hineinsegeln – finanziell, im Job, in ihren Beziehungen. Doch ebenso erbärmlich ist das Leben jener, die jede negative Nachricht zur Katastrophe aufblähen. Besonders schwer machen es sich Katastrophendenker, die jedes noch so kleine Malheur als Indiz für ein ewig gültiges Naturgesetz nehmen. Solches Verhalten gehört auf die Not-To-Do-Liste. Ja, schlimme Dinge passieren. Aber sie sind gegenüber den positiven krass in der Unterzahl. Katastrophieren ist übrigens nicht dasselbe wie Paranoia (siehe das Kapitel »Seien Sie paranoid«): Paranoide sehen überall Anzeichen einer Verschwörung – also böse Absichten. Der Katastrophierende hingegen nimmt einfach immer das Worst-Case-Szenario an.

Warum führt Katastrophieren zu einem schlechten Leben? Weil es wertvolle Hirnkapazität verschwendet. Erst wenn Sie die Gegenthese – alles nicht so schlimm! – ebenso überzeugend aufstellen können, dürfen Sie sich die Erlaubnis zum Katastrophieren geben. Wer katastrophiert, trifft außerdem zu vorsichtige Entscheidungen. Wenn Sie Ihr Erspartes hypervorsichtig zu 100 Prozent auf Ihrem Konto schlafen lassen, garantiert Ihnen das 0 Prozent Rendite, nach Abzug der Inflation sogar einen Verlust. Wenn Sie es einigermaßen intelligent, aber passiv investieren, machen Sie, historisch gesehen, rund 10 Prozent Rendite pro Jahr, und das trotz aller Auf- und Abschwünge. Aber Vorsicht: Wenn Sie katastrophieren und Ihren sehr passiven Index-Fonds bei jedem Abschwung aus Panik verkaufen, werden Sie Geld verlieren.

Sollten Sie einen krankhaften Hang zum Katastrophieren haben, gehen Sie zum Arzt. Es gibt verschiedene Gründe dafür, die sich allesamt therapieren lassen. Und keine Sorge, ein Hirntumor gehört nicht dazu.

32

BETRACHTEN SIE GELD ALS UNWICHTIG

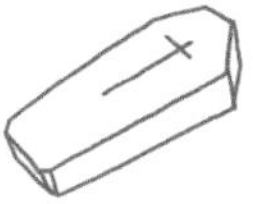

Für ein erbärmliches Leben empfehle ich Ihnen: Verschwenden Sie keine Gedanken an Geld. Geld kommt und geht, und wer über seine Finanzen nachdenkt, hat das Leben nicht verstanden. Machen Sie sich also keinen Kopf, wenn Sie grade mal knapp bei Kasse sind. Surfen Sie ruhig locker auf der Nulllinie – damit sind Sie in guter Gesellschaft. Große Persönlichkeiten, darunter die meisten Religionsgründer, haben Geld verachtet. Wirklich ernst nehmen muss man ja nicht dieses Leben, sondern das im Jenseits – und dort gibt es bekanntlich keine Zentralbank. Auch in politischer Hinsicht ist der schnöde Mammon suspekt: Geld ist die Quelle allen Unrechts, steht für die Unterdrückung der Arbeit durch das Kapital, die Entfremdung, kurzum: Es ist des Teufels.

Gut möglich, dass Ihre Freunde arm sind, und Sie kommen sich blöd vor, Geld zu besitzen oder es gar anzuhäufen. Arm ist cool. Arm macht sympathisch. Durch Ihre Nonchalance gegenüber dem Thema signalisieren Sie ein Urvertrauen, das vielen abgeht. Genau das – und nicht Geld – macht Sie wirklich besonders. Sie erheben sich damit über alle, die ihren Kontostand kennen. Zusätzlich empfehle ich Ihnen, auf das Prinzip Hoffnung zu setzen: Wenn Sie wirklich Geld brauchen, wird es schon irgendwann vom Himmel fallen, genauso wie es immer mal wieder regnet. Wer weiß, vielleicht kommen Sie sogar ganz groß raus: Jemand Wichtiges entdeckt Sie – beim Warten an der Bushaltestelle oder bei Ihrer Arbeit als Starbucks-Barista – und offeriert Ihnen eine Karriere in Hollywood. Und selbst wenn das nicht passieren sollte, können Sie sich immer auf die Großzügigkeit von Fremden, von Reichen, von Stiftungen und vom Staat verlassen. »Spare in der Zeit, so hast du in der Not« hat Ihre Großmutter gesagt? Ach was. Das galt vielleicht im letzten Jahrtausend.

Die leise Stimme der Vernunft

Die schönsten Passagen zum Thema Geld stammen von Max Frisch: »Ich denke an Ingeborg und ihr Verhältnis zum Geld; eine Handvoll Banknoten, HONORAR, freut sie kindlich, dann fragt sie, was ich mir denn wünsche. Geld ist zum Verbrauchen da. Wie sie's ausgibt: nicht wie Lohn für ihre Arbeiten, sondern wie aus der Schatulle einer Herzogin, einer verarmten manchmal. ... Ihr Geld, mein Geld, unser Geld? Man hat es oder hat es eben nicht, und wenn es nicht reicht, so ist sie verdutzt, als stimme etwas nicht in dieser Welt. ... Sie kauft sich Schuhe wie für einen Tausendfüßler.«

Vielleicht ist Ihnen Ingeborg sympathisch – mir auch! –, aber leider liegt sie falsch. Geld ist nicht zum Verbrauchen da. Geld ist zum Sparen da. Nur in gesparter Form entfaltet es seinen wichtigsten Effekt: die Seelenruhe. Gespartes Geld wirkt wie eine Firewall, die Sie vor wirtschaftlichen Katastrophen schützt. Und es schenkt Ihnen pfundweise Freiheit. Tun Sie sich den Gefallen, und werden Sie wohlhabend.

Kennen Sie den Begriff »Fuck-You-Money«? Ein drastischer Ausdruck, aber wahr. Er bezeichnet die allerletzten zwei Wörter, die Sie Ihrem Chef an den Kopf werfen. Bedeutet, Sie sollten jederzeit die Freiheit haben, Ihren Job an den Nagel zu hängen, um in aller Ruhe eine passendere Stelle zu suchen. Konkret: Sie sollten genügend Ersparnisse haben, um Ihre Familie zwölf – idealerweise vierundzwanzig – Monate ohne Einkommen durchzufinanzieren. Hinzu kommt: Geld kann für Sie arbeiten: Auch wenn die Zinsen bzw. Dividendenrenditen momentan tief sind, ein wenig Rendite ist allemal drin. Ein paar Gedanken dazu.

Erstens: Gerade zu Beginn des Berufslebens – wenn man noch keine Familie hat, die Kosten niedrig und die Ansprüche an Komfort noch gering sind – gerade also in dieser leichten Zeit des Lebens ist es wichtig, seine Finanzen ernst zu nehmen. Jetzt sollten Sie Ihr »Fuck-You-Polster« ansparen – bevor Ihre Lebenskosten explodieren.

Zweitens: Wenn Sie sich ein Polster angespart und sich damit die Seelenruhe gesichert haben und wenn dann jeden Monat einiges an Geld übrig bleibt – tauschen Sie es in Zeit um. Mit Kindern und fortschreitendem Alter wird Zeit zur wertvolleren Ressource, weil Sie Zeit, im Unterschied zum Geld, nicht vermehren können.

Und ein dritter Grundsatz: keine Schulden. Einzige Ausnahme ist eine Hypothek für ein Haus. Keinen Mikrokredit. Kein Klein-Darlehen. Keine Kreditkartenschulden. Kein Leasing. Wenn Sie das Auto nicht cash bezahlen können, kaufen Sie einen Gebrauchtwagen, für den Sie das Geld locker auf den Tisch legen können. Ich habe es sogar so gemacht, dass ich weder eine Wohnung noch ein Haus gekauft habe, bis ich nicht den kompletten Betrag bar bezahlen konnte – zugegeben, eine radikal altmodische Haltung.

Betrachten Sie Geld als so wichtig wie Ihre Gesundheit. Geld macht nicht glücklich, das stimmt. Aber kein Geld zu haben macht radikal unglücklich.

33

KULTIVIEREN SIE IHR SELBSTMITLEID

Plötzlich knallt es, und Ihr Auto steht still. Sie steigen aus, fluchend, und erkennen: Sie sind in einen Pfosten gefahren. Falls Sie ein jämmerliches Leben ansteuern, zeigen Sie mit dem Finger überall hin, nur nicht auf Sie selbst. Schuld ist der Autobauer, der einen Warnsensor hätte einbauen müssen. Oder die Stadt, die den Pfosten just an den dümmsten Ort gepflanzt hat. Oder Ihr Chef, der Sie so gestresst hat, dass Sie in Gedanken bereits im Büro waren. Sicher trägt auch Ihr Fahrlehrer Mitschuld; der hat Sie offenbar mangelhaft ausgebildet.

Für ein schlechtes Leben rate ich Ihnen: Suhlen Sie sich genüsslich in der Opfer-Marinade. Sich als Opfer zu begreifen wirkt wie Balsam – aber auch wie eine Droge. Es fühlt sich zu Beginn wunderbar an, und man wird schnell süchtig danach. Man fühlt sich leicht, weil der Verantwortung enthoben. Sie sind beim Abitur durchgefallen? Logisch: schlechte Lehrer, unfaire Benotung, und überhaupt ist das Abitur eine reine Schikane gegen eigenwillige Persönlichkeiten wie Sie.

Zum wahren Meister des Selbstmitleids werden Sie, wenn Sie in allem ein Vorurteil – neuerdings »Bias« genannt –

gegen Ihre Herkunft, Ihr Alter oder Ihr Geschlecht sehen. Das gibt Ihnen die Möglichkeit, lauthals Forderungen zu stellen. Denn die Gesellschaft schuldet Ihnen jetzt etwas. Statt an sich selbst zu arbeiten, verschwenden Sie Ihre Zeit damit, gedankliche Bilanzen aufzustellen, die beweisen, dass man »Ihre Leute« auf allen Gebieten schikaniert. Ihr Leben wird voll sein mit Pfosten, in die Sie notgedrungen reinfahren. Ein einziger, sich immer wiederholender Unfall.

Die leise Stimme der Vernunft

Egal, wie intelligent oder erfolgreich Sie sind, Sie werden Rückschläge erleiden. Selbst hinter den Fassaden eines perfekt inszenierten Promi-Lebens fließen Tränen. Man muss vom Leben ein gewisses Maß an Fehlschlägen erwarten. Falls sie bei Ihnen noch nicht eingetroffen sind, wird es nicht mehr lange dauern.

Natürlich gibt es immer Gründe, weshalb etwas Schlimmes passiert. Jede Katastrophe ist das letzte Glied einer unendlichen Kette von Ursachen von Ursachen von Ursachen. Mit etwas Aufwand können Sie diese Kette bis zum Urknall zurückverfolgen. Das ist bei selbst verursachten Niederlagen nicht anders. Warum hat man eine dumme Entscheidung getroffen? Nicht weil man eine dumme Entscheidung treffen wollte, sondern weil sie aus Mangel an Wissen, Gründlichkeit oder Willenskraft so und nicht anders herausgekommen ist.

Für ein gutes Leben rate ich Ihnen Folgendes: Erstens, analysieren Sie die Fehlschläge, und lernen Sie daraus.

Aus Niederlagen lernt man zehnmal mehr als aus Erfolgen. Zweitens, vermeiden Sie es mit allen Mitteln, ins Selbstmitleid abzurutschen. In dem Moment, in dem Sie sich als Opfer fühlen, haben Sie bereits verloren. Warum? Weil die Opfer-Haltung Sie davon abhält, die Kontrolle über Ihr Leben zu gewinnen. Sie raubt Ihnen die Handlungsfähigkeit. Sich als Opfer zu fühlen ist eine komplett unproduktive Lebenseinstellung. Sie gehört ganz zuoberst auf die Not-To-Do-Liste. Reißen Sie sich davon los.

Objektiv betrachtet, ist die Opferhaltung ja nicht falsch. Wir sind tatsächlich die Opfer unserer unvollkommenen Gene, unseres bruchstückhaften Wissens, der unfairen Geschichte und der blöden Umstände. Allerdings hilft diese Erkenntnis wenig. Sie macht das Leben nur schlechter. Opfermentalität ist wie Treibsand: Wenn man einmal drinsteckt, kann man sich kaum daraus lösen.

Was tun? Legen Sie sich ein Repertoire an Gedanken zu, die um 180 Grad vom Selbstmitleid wegweisen. Der US-amerikanische Investor Charlie Munger erzählt die folgende Geschichte: »Ich hatte einen Freund, der einen dicken Stapel Karten bei sich trug. Wenn jemand eine Bemerkung machte, die von Selbstmitleid zeugte, zog er langsam und bedächtig seinen riesigen Kartenstapel heraus, nahm die oberste Karte und reichte sie der Person. Auf der Karte stand: ›Ihre Geschichte hat mein Herz berührt. Ich habe noch nie von jemandem gehört, der so viel Pech hatte wie Sie.‹«

Munger, der in der Armut der Depression des amerikanischen Mittleren Westens aufwuchs, hat sich eine eiserne Regel zugelegt. Am besten, Sie übernehmen sie unverändert: »Wann immer Sie denken, dass eine Situation oder eine Person Ihr Leben ruiniert, sind Sie es, der oder die Ihr Leben ruiniert. Das ist eine so einfache Idee. Sich wie ein Opfer zu fühlen ist eine absolut katastrophale Art, durchs Leben zu gehen. Nehmen Sie einfach die Haltung ein, dass, wie schlimm es auch sein mag, es immer Ihre Schuld ist und Sie es einfach so gut wie möglich in Ordnung bringen.«

34

WERDEN SIE HÖRIG

Sich zu verlieben ist etwas so Schönes – warum treiben Sie es nicht gleich auf die Spitze? Verlieben Sie sich nicht nur, sondern verschreiben Sie sich der angebeteten Person mit Haut und Haar; werden Sie ihr komplett hörig! Das wird Sie in einen richtigen Taumel versetzen – erst einen freudigen, dann einen tragischen. Langfristiges Elend garantiert. Der britische Schriftsteller Somerset Maugham hat dieses Trudeln in seinem Roman Der Menschen Hörigkeit *eindrücklich beschrieben: Philip, der einen angeborenen Klumpfuß hat, verliebt sich in die Kellnerin Mildred. Die erwidert Philips Liebe nicht, sie nützt sie bloß aus. Trotzdem kann sich Philip nicht gegen seine Gefühle wehren. Er tut alles, was Mildred von ihm verlangt.*

Für ein jammervolles Leben rate ich Ihnen deshalb: Ignorieren Sie den Warnruf aus Maughams Roman, sonst werden Sie nie in den Genuss dieser krankhaften Obsession kommen. Kultivieren Sie die ständige Angst, von Ihrer großen Liebe verlassen zu werden. Um das zu verhindern, sollte Ihnen kein Opfer zu groß sein. Ihr Partner (Ihre Partnerin) mag Ihre Hobbys nicht? Geben Sie sie auf. Er mag Ihre Freunde nicht? Distanzieren Sie sich von ihnen. Dito mit Ihrer Familie. Zum Beweis Ihrer Loyalität lassen Sie ihn Ihre Kommunikation überwachen, Ihre Anrufe, E-Mails, Textnachrichten. Vielleicht wäre es ihm am liebsten, wenn Sie gar keine anderen Leute mehr treffen? Kein Problem, isolieren Sie sich. Sie sollen ja nur ihm – oder ihr – gehören.

Ganz wichtig: Geben Sie Ihre persönlichen Ambitionen auf. Eigene Karriere? Abgebrochen, Sie wollen Ihrem Partner ja nicht »im Weg stehen«. Dem ständigen Rumgenörgel an Ihrem Aussehen und Verhalten sollten Sie mit Nachsicht begegnen. Für eine richtig schlechte Beziehung brauchen Sie die tägliche Kritik und Herabsetzung. Vielleicht behandelt Ihr Partner Sie auf inakzeptable Weise, betrügt, belügt oder missbraucht Sie. Da müssen Sie durch, die Beziehung ist es auf jeden Fall wert. Tolerieren Sie alles und jedes. Nur das ist wahre Hingabe.

Wenn Sie eine Person gefunden haben, der Sie hörig sind, rate ich Ihnen: Heiraten Sie sie! Und reden Sie sich ein, Hörigkeit sei der ultimative Liebesbeweis. Die übelste Form von Ehe ist nämlich nicht die, bei der man vor Langeweile in ein Wachkoma fällt. Auch nicht die, bei der man den Partner umbringen könnte. Nein, es ist die sklavische Hörigkeit, die eine komplett hoffnungslose Partnerschaft auszeichnet.

Natürlich könnte man auch in dieser Situation jederzeit weglaufen; von außen betrachtet, liegt diese Lösung auf der Hand. Aber es liegt eben gerade in der Natur der Hörigkeit, dass die unsichtbare Kette, die ursprünglich ein Band der Liebe hätte sein sollen, nicht gesprengt werden darf. Der als Partner getarnte Sklavenhalter muss nicht mal besonders reich, schön oder cool sein. Manchmal ist gerade das Primitive attraktiv. Es muss auch keine Liebesbeziehung sein. Hörig können Sie auch gegenüber einem Freund, einer Therapeutin, einem Chef, einer politischen Partei oder einem Sektenführer sein. Seien Sie in Ihrer Hörigkeit nicht wählerisch – das Leben können Ihnen alle Genannten gleichermaßen vermiesen.

Die leise Stimme der Vernunft

Die von Somerset Maugham beschriebene Liebe ist eine krankhafte Liebe, eine abhängige, psychopathische Liebe, dumm, charakterlos, sklavisch. Viele Schriftsteller haben ähnliche Fälle von Hörigkeit beschrieben: Tolstoi in *Anna Karenina*, Goethe in *Die Leiden des jungen Werther*, John Williams in *Stoner*, Nabokov in *Lolita*, Ian McEwan in *Lektionen*, und, wenn Sie wollen, E.L. James in *Fifty Shades of Grey*. Diese Romane sind verdichtete Lebensgeschichten und damit im Grunde Warnbücher. Lesen Sie sie, damit Sie sich schon in frühen Jahren ein Gespür für Hörigkeit aneignen.

Hörigkeit muss nicht unbedingt blinder Liebe entspringen. Manchmal hat sie ihren Ursprung in großen Unterschieden in Bezug auf Status, Ausbildung, Geld, Alter oder Selbstwert. Personen mit niedrigem Selbstwertgefühl sind deutlich anfälliger für Hörigkeit. Dass sie überhaupt in einer Beziehung sind, betrachten sie schon als Selbstbestätigung. Aber selbst Menschen mit einem hohen Selbstwertgefühl sind vor Hörigkeit nicht gefeit. Man denke an die Hörigkeit von Max Frisch gegenüber Ingeborg Bachmann oder an jene von Tina

Turner ihrem gewalttätigen Mann Ike gegenüber. Nehmen Sie diese Beispiele als Abschreckung. Sobald Sie Anzeichen von Hörigkeit verspüren, steigen Sie aus der Beziehung aus. *Keine* Beziehung ist einer hörigen tausendmal vorzuziehen.

5
10
15
20
25
30
35
40
45
50
55
60

35

GET RICH QUICK, GET SMART QUICK

Ein Bekannter offeriert Ihnen die Möglichkeit, in eine Kupfermine in Afrika zu investieren. Die Rendite sei phänomenal: In den letzten drei Jahren habe er sein Geld damit verzehnfacht. Außerdem eine sichere Sache, denn Kupfer brauche die Welt immer. Einen Tag später ruft Sie Ihr Banker an. Die Bank habe einen neuartigen Fonds für Finanz-Derivate aufgelegt. Etwas zu kompliziert, um die Details am Telefon zu besprechen, jedenfalls hätten ihm die internen Finanzmathematiker (alle mit einem IQ von mindestens 140) gesagt, dass Anleger eine Rendite von über 50 Prozent erwarten könnten. Der Fond sei schon überzeichnet, aber weil Sie ein guter Kunde seien, könne er noch eine Tür für Sie öffnen. Er schlägt Ihnen vor, die Hälfte Ihrer Ersparnisse in diesen Fonds zu investieren. Wenn alles gut laufe, seien Sie nach drei Jahren »finanziell unabhängig«. Noch am gleichen Abend bekommen Sie eine E-Mail von einem weißrussischen Oligarchen: Er brauche einen kleinen, dringenden Überbrückungskredit. Wenn Sie noch heute zehntausend Dollar überweisen, würde er Ihnen morgen

hunderttausend zurückzahlen. Garantiert. Eine himmlische Verzinsung.

Meine Empfehlung für ein schlechtes Leben: Lassen Sie keine Chance aus, um über Nacht reich zu werden. »Get rich quick«, nennt man das im Land der unbegrenzten Möglichkeiten: Statt Ihr Geld mit mühseliger Arbeit, mit weitsichtigem Sparen und mit bedachtem Investieren zu verdienen, lassen Sie es einfach auf sich runterregnen. Tun Sie es! Sie werden an Ihren Freunden vorbeiziehen – allerdings auf dem Weg nach unten.

Die leise Stimme der Vernunft

Boston 1919. Der italienische Einwanderer Carlo (Charles) Ponzi, ein x-fach gescheiterter und vorbestrafter Unternehmer, verspricht Investoren innerhalb von 90 Tagen eine Rendite von 50 Prozent. Tatsächlich zahlt er auch so viel aus – indem er sich des Kapitals zusätzlicher, neuer Investoren bedient. Die Illusion eines profitablen Geschäfts ist perfekt. Als sich die erstaunliche Verzinsung herumspricht, investieren Tausende von Menschen Millionen von Dollar in sein Get-Rich-Quick-System. Ponzis System beruht aber auf keiner Unternehmung, die irgendetwas produziert. Das System beruht auf nichts. Das Einzige, was Ponzi tut, ist Geld von neuen an vorherige Anleger weiterzugeben. Im Jahr 1920 beginnen die Behörden, Ponzis Renditen zu untersuchen – das Vertrauen der Investoren bröckelt, das System bricht plötzlich zusammen, und Ponzi landet dort, wo er vor Jahren schon mal war: im Gefängnis. Bis heute gilt er als Paradebeispiel für groß angelegten Finanzbetrug. »Get-Rich-Quick-Systeme« oder Schneeballsysteme werden deshalb manchmal auch »Ponzi-Systeme« genannt. Vier Bemerkungen dazu.

Erstens, wenn Ihnen Renditen versprochen werden, die weit über dem üblichen Niveau liegen, gehen Sie davon aus, dass es sich um Betrug handelt. Mit anderen Worten: Wenn es zu gut klingt, um wahr zu sein, ist es unwahr. Get-Rich-Quick funktioniert nicht (es sei denn, Sie gewinnen im Lotto oder erben). Was funktioniert, ist Get-Rich-Slow.

Zweitens, wenn Sie nicht genau verstehen, wie das Geld verdient wird: Hände weg! Hände weg von Dingen wie Cryptocurrency, Multi-Level Marketing oder High-Frequency-Trading. Verspielen Sie Ihr Geld nicht mit dubiosen Deals – auch nicht, wenn sie von angesehenen Banken stammen. Diese wollen mit komplizierten Produkten eine hohe Management-Fee rechtfertigen, die natürlich aus Ihrer Tasche bezahlt werden muss. »You only have to get rich once«, hat der amerikanische Autor Walter Gutman richtigerweise gesagt – Sie müssen nur einmal reich werden.

Drittens: Wenn Sie Geschäftsbilanzen nicht lesen können, kaufen Sie keine einzelnen Aktien. In diesem Fall investieren Sie Ihr Geld besser in einen sehr breiten Index-Fonds mit einer ultra-tiefen Management-Fee. Ein Index-Fonds schützt Sie vor dummen Entscheidungen und liefert Ihnen eine Rendite, die über jener liegt, die 80 Prozent der Finanzprofis typischerweise erreichen.

Viertens: Das geistige Pendant zu »Get-Rich-Quick« ist »Get-Smart-Quick«. Es gibt reihenweise Apps, Kurse und

Bücher, die Ihnen versprechen, Sie innerhalb kürzester Zeit zum Experten zu machen. Typische Titel sind *In drei Schritten zur perfekten Mutter* oder *Der goldene Weg zum Tech-Unicorn*. Es versteht sich von selbst, dass man nicht über Nacht Meisterschaft erlangen kann oder an die Spitze einer Branche aufsteigt. Ebenso wenig, wie man über Nacht zum Millionär wird.

Fazit: Hände weg von »Get-Rich-Quick«, »Get-Smart-Quick«, »Get-Healthy-Quick«, »Get-Famous-Quick« und »Get-Successful-Quick«. Das Einzige, worin Sie wirklich schnell sein sollten, ist das Erkennen von solcher Hochstapelei.

36

DIE ENDLOSSCHLEIFE DER GEDANKEN

»Ihre Idee wurde nicht gerade mit offenen Armen empfangen.« »Lassen Sie uns noch mal über Ihren Beitrag zu diesem Projekt sprechen.« »Ich bin nicht sicher, dass es das ist, was wir brauchen.« Päng! Was jetzt? Wer mit leiser Kritik oder Skepsis konfrontiert wird, gerät schnell einmal ins Grübeln – das Gehirn schaltet in den Modus der Endlosschleife: Habe ich etwas Falsches gesagt? Meinte sie oder er das wirklich wörtlich oder nur im übertragenen Sinn? Habe ich mich danebenbenommen? Habe ich mich wirklich derart dumm angestellt? Worüber bin ich gestolpert? Hat mein Chef, meine Lebenspartnerin, der Vermieter meiner Wohnung wirklich etwas gegen mich? Bin ich erledigt? Bekomme ich überhaupt noch eine Chance?

Wenn Sie sich das Leben unbedingt zur Gedankenhölle machen wollen, dann sollten Sie Situationen, die zu nebensächlichen Bemerkungen geführt haben, nicht einmal, nein, tausendmal in Ihrem Kopf durchspielen, über Wochen und Monate. Und eher früher als später werden Sie sich in einem Strudel aus Angst und Selbstzweifeln wiederfinden. Bald können Sie sich auf nichts anderes mehr konzentrieren. Selbst beim Friseur, beim Einkaufen, Kochen und

Zähneputzen rattern uralte Gedanken und Bilder durch Ihren Kopf. Immer tiefer greifen Sie in die Truhe der Erinnerungen und zerren daraus längst vergangene Konflikte, Argumente und Konversationen hervor. Wie war das noch mal vor zehn Jahren? Was hat er damals genau gesagt? Mochte sie mich tatsächlich, oder habe ich mir das nur eingebildet? Antworten auf diese Fragen werden Sie nicht finden – nur den Weg in endloses Elend.

Die leise Stimme der Vernunft

»Der Schmerzen wären minder unter den Menschen, wenn sie nicht mit so viel Emsigkeit der Einbildungskraft sich beschäftigten, die Erinnerungen des vergangenen Übels zurückzurufen«, schreibt Goethe ganz am Anfang seines Weltbestsellers von 1774. *Die Leiden des jungen Werther* ist ein grandioser Roman über die Gefahren des Grübelns. Die Endlosschleife der Gedanken treibt Werther in den Selbstmord. Und genau das ist die Gefahr, wenn Sie, liebe Leserin, lieber Leser, in die Spirale des ununterbrochenen Nachdenkens geraten. Drei Bemerkungen dazu.

Erstens: Sobald Sie merken, dass Sie im Kreislauf des Grübelns feststecken, reißen Sie sich davon los. Denken ist wie ein Fluss. Je mehr Wasser er führt, desto tiefer gräbt er sich in die Landschaft ein, desto mächtiger wird sein Einzugsbecken, und damit wächst wiederum die Menge an Wasser, die er führt – ein selbstverstärkender Prozess. Je öfter man dasselbe denkt, desto tiefer gräbt sich dieser Gedankengang ein, und desto automatischer wiederholt er sich. Das ist die Grundlage allen Lernens und Repetierens. Leider gilt genau dasselbe fürs Grübeln mit ungewolltem Inhalt. Wie befreit man sich aus diesem Sog? Nicht, indem Sie unangenehme Bemerkungen einfach ignorieren – das funktioniert selten –, sondern indem Sie sie ernst nehmen. Es kann ja tatsächlich sein, dass Sie Mist gebaut haben. Denken Sie die Situation noch einmal genau durch – die Betonung liegt auf »einmal«. Nicht zehn, hundert oder tausend Mal. Einmal. Notieren Sie sich, was Sie daraus lernen können. Damit haben Sie getan, was Sie tun können. Das Niederschreiben erteilt Ihnen die Freigabe, die Szene zu vergessen. Sie wissen, dass alles noch vorhanden ist – zwar nicht mehr im Hirn, aber auf Papier (bzw. im Computer). Aber Ihr Kopf ist jetzt um einen unangenehmen Gedanken leichter.

Zweitens: Wenn Sie selbst nach dem Runterschreiben nicht aus dem Grübeln herauskommen, vereinbaren Sie mit sich eine wöchentliche Grübelstunde. Idealerweise an einem Vormittag, auf keinen Fall an einem Abend. Tragen Sie den Termin in den Kalender ein. Nehmen Sie all Ihre Sorgen und diffusen Gedanken, grübeln Sie frei drauflos. Sie werden merken, dass Sie dabei keine einzige neue Erkenntnis gewinnen außer denen, die ohnehin schon in Ihrem Notizbuch stehen. Nach 60 Minuten werden Sie feststellen, dass Sie in dieser Zeit besser Musik gehört oder einen Krimi geschaut hätten.

Drittens: Es gibt eine Art des Grübelns, die Sie zwar nicht gerade in eine Depression stürzt, die aber per se idiotisch ist: die Endlosschleife der Vorhaben. Angenommen, Sie möchten Schriftsteller werden (was ich Ihnen nicht unbedingt empfehle). Sie tragen diese Absicht Jahr für Jahr mit sich herum, aber nach zehn Jahren haben Sie noch nicht damit begonnen. Vorhaben sollten Sie entweder umsetzen, konkret terminieren oder abblasen. Alles andere ist Gedankenverschwendung und führt nirgendwo hin außer ins Elend. Fazit: Die Qualität Ihrer Gedanken (und Ihrer Beziehungen) bestimmt die Qualität Ihres Lebens.

37

TAUSCHEN SIE IHREN RUF GEGEN GELD

Einer der vielen Wege zu einem schlechten Leben ist es, Reputation gegen Geld zu tauschen. Je nach Ihrer Stellung in der Gesellschaft haben Sie mehr oder weniger Spielraum dabei. Als Polizist können Sie sich ab und zu ein paar Flaschen Château Margaux verdienen, wenn Sie dem Raser, statt ihm den Führerausweis zu entziehen, Ihre private Visitenkarte zustecken. Als Ärztin verschreiben Sie Medikamente, die vielleicht nicht besonders wirksam oder sogar völlig unnötig sind, deren Herstellerfirma Sie aber zu einer »Konferenz« in der Karibik einlädt, Flug, Hotel und ein Experten-Honorar inklusive. Als CEO wiederum handeln Sie mit den Aktien der Firma, die Sie selbst leiten (oder geben Ihrer Gattin die richtigen Tipps). Für ein schlechtes Leben lohnt es sich, jenseits der Grenze der Legalität zu grasen. Dort sind die Wiesen besonders saftig.

Die leise Stimme der Vernunft

Der 1948 in Indien geborene Rajat Gupta war einer der angesehensten internationalen Manager. Von 1973 bis

2003 arbeitete er sich vom einfachen Unternehmensberater zur Top-Position bei McKinsey hoch. Nach dieser außerordentlich erfolgreichen Zeit, in der er Millionen verdiente, saß er in den Aufsichtsräten von Blue-Chip-Unternehmen wie Goldman Sachs, Procter & Gamble und American Airlines. In dieser Zeit war er auch Partner bei einem Hedgefund, der mit den Aktien ebendieser Firmen handelte. Gupta leitete vertrauliche Informationen weiter und sicherte dem Hedgefund damit beträchtliche Gewinne. 2012 wurde Gupta wegen Wertpapierbetrugs in New York verurteilt. Seine Verwicklung in den Insiderhandel führte nicht nur zu einer zweijährigen Haftstrafe und einer Geldstrafe von fünf Millionen Dollar, sondern, viel schlimmer: Sie zerstörte seinen Ruf und beendete seine Karriere.

Geschichten wie diese gibt es zuhauf. Was können wir daraus lernen? Vier Anmerkungen.

Erstens, setzen Sie niemals Ihre Reputation für Geld aufs Spiel. Das ist immer eine dumme Idee, ganz besonders idiotisch aber dann, wenn Sie – wie Rajat Gupta – ohnehin schon beides in rauen Mengen besitzen. Dieser Tausch hat nämlich eine besondere Eigenschaft: Er funktioniert nur in eine Richtung. Sie können Ihren Ruf zwar in Geld ummünzen – zurückwechseln geht aber nicht. Warren Buffett dazu: »Es ist irrsinnig, das, was man hat und braucht, für etwas zu riskieren, das man nicht wirklich braucht.« Reputation ist eine weitaus knappere Ressource als Geld. Buffett, der das erfolgreichste Firmenkonglomerat aller Zeiten aufgebaut hat, schreibt ab und zu den CEOs seiner Firmen einen kurzen Brief. Im Jahr 2010 schrieb er: »Wir können es uns leisten, Geld zu verlieren – sogar eine Menge Geld. Aber wir können es uns nicht leisten, unseren Ruf zu verlieren – nicht einmal einen Hauch davon.« Reputation ist keine Handelsware.

Zweitens: Manchmal sind Sie in einer Machtposition. Zum Beispiel als Einkäufer für Aldi oder Lidl oder Migros. Als Einkäufer bestimmen Sie über Budgets von Hunderten Millionen Euro und damit indirekt über die Vergütung und Karriere Ihres Verhandlungspartners, während Sie, als kleiner Angestellter, einen bescheidenen Lohn beziehen. Die Verlockung ist riesig, den Zuschlag jenem Lieferanten zu geben, der Ihnen einen »Kick-back« offeriert. Selbst wenn Sie das Geld bitter nötig haben: Lassen Sie die Hände davon, denn Sie rücken damit Ihre berufliche und gesellschaftliche Position gefährlich nah an die Absturzkante. Außerdem machen Sie sich erpressbar. In meinen frühen Berufsjahren arbeitete ich im Duty-Free-Handel (damals als Teil der Swissair Gruppe). In Australien und Hongkong habe ich selbst erlebt, wie Lieferanten mich zu bestechen versuchten, um mit uns Schweizern ins Geschäft zu kommen. Wie verlockend diese Angebote waren! Ich war oft haarscharf dran, ein paar Zehntausend Dollar zu akzeptieren – an Verwendungszwecken fehlte es mir als Jungspund nicht. Rückblickend bin ich heilfroh, dass ich nicht auf das Teufelchen auf meiner Schulter gehört habe (»Komm schon, das hast du dir doch verdient!«), sondern auf das biedere Engelchen auf der anderen. Wann immer Sie sich nicht sicher sind, schlägt Warren Buffett den »Zeitungstest« vor: Stellen Sie sich vor, eine Zeitung von nationaler Bedeutung würde Ihre Handlung auf der Titelseite als Hauptstory bringen – könnten Sie damit gut leben? Wenn nicht, dann lassen Sie die Finger davon.

Drittens: Oft ist der Graubereich zwischen legal und illegal ein weites Feld. Dazu Buffett mit einer Tennis-Metapher: »In der Mitte des Spielfelds lässt sich genügend Geld verdienen. Wenn es fraglich ist, ob eine Handlung in der Nähe der Linie stattfindet, nehmen Sie einfach an, dass sie außerhalb stattfindet, und vergessen Sie es.«

Viertens: Es gibt Branchen und Berufe, in denen Handeln im Graubereich zur Normalität gehört. Unter Umständen gibt man Ihnen zu verstehen: Wenn Sie dazu nicht bereit sind, dann brauchen Sie gar nicht erst anzufangen. Was üblich ist, ist aber noch lange nicht vernünftig. Wechseln Sie in diesem Fall die Branche.

38

GEHEN SIE JEDER SCHWIERIGKEIT AUS DEM WEG

Wenn Sie Ihre Anfälligkeit für Unglück und Leid maximieren wollen, empfehle ich Ihnen: Gehen Sie möglichst behütet durchs Leben. Versuchen Sie, jeden noch so kleinen Stressfaktor frühzeitig auszuschalten, jeden möglichen Stolperstein großräumig zu umgehen. Baden Sie stattdessen im Komfort. Schauen Sie zu, dass Sie möglichst lange in einem metaphorischen Glashaus aufwachsen. Wenn Sie dann mal draußen sind in der Welt, werden Sie ganz bestimmt beim ersten Windstoß einknicken.

Die leise Stimme der Vernunft

Jen-Hsun Huang ist der erfolgreichste Unternehmer der letzten Jahre. Er ist Gründer und CEO des amerikanischen Chip-Herstellers NVIDIA und die Verkörperung, nein, sogar die Steigerung des amerikanischen Traums: Huang hat es vom taiwanesischen Immigranten zum Multimilliardär gebracht. In einem Gespräch vor Stanford-Studenten im März 2024 sagte er etwas Seltsames: »Einer meiner Vorteile ist, dass ich sehr niedrige Erwartungen (ans Leben) habe. Menschen mit sehr hohen Erwartungen haben eine sehr geringe Widerstandsfähigkeit. Und leider ist Resilienz wichtig für den Erfolg. Ich weiß nicht, wie ich Ihnen das beibringen soll, außer so: Ich hoffe, dass Ihnen Leid widerfährt! Großartigkeit kommt nicht von Intelligenz. Großartigkeit kommt von Charakter. Und Charakter entsteht durch Leiden. Wenn ich mir etwas wünschen dürfte für euch Stanford-Studenten, dann wäre es eine große Portion Schmerz und Leid.« Ein Raunen ging durchs Publikum. Eine große Portion Schmerz und Leid? Nicht gerade das, was man sich erwartet, wenn man sich in Stanford einschreibt, einer der glanzvollsten Unis der Welt.

Howard Schultz, die legendäre Führungspersönlichkeit hinter der globalen Marke Starbucks, wuchs in einem Wohnprojekt in Brooklyn, New York, in einer armen Familie auf. Sein Vater, ein Lastwagenfahrer und Kriegsveteran, musste sich mit schlecht bezahlten Jobs durchschlagen, was die Familie in eine prekäre finanzielle Lage brachte, als sich der Vater bei der Arbeit verletzte. Eine sogenannte »schwierige Jugend« also – aber sie gab Schultz den nötigen Drive, um der Armut auf Teufel komm raus zu entfliehen.

J.K. Rowling war eine alleinerziehende Mutter, die von Sozialhilfe lebte. Sie hätte sich mit einem konventionellen und sichereren Brotjob zufriedengeben können, um die finanzielle Stabilität ihrer Familie zu gewährleisten. Ihre Entscheidung, stattdessen zu schreiben, führte zur Entstehung einer der erfolgreichsten Buchreihen der Geschichte, *Harry Potter*.

Man könnte noch tausend Beispiele von Menschen

anführen, die sich durch Schwierigkeiten kämpften und die nicht trotzdem, sondern gerade deshalb groß herauskamen.

Natürlich finden sich auch Überflieger aus reichen, wohlbehüteten Häusern, die sich nicht durch Schwierigkeiten kämpfen mussten. Aber die gibt es eher bei angestellten CEOs als bei den Unternehmern. Ich kenne viele Kinder wohlhabender Eltern, die kaum je irgendwas durchlitten haben und die nun an den weltbesten Universitäten studieren. Genau die meinte Jen-Hsun Huang in seiner Stanford-Rede. Ihr beschütztes Leben ist gefährlich, denn sie haben nie gelernt, sich durchzukämpfen, wenn sich die Welt plötzlich und radikal verändert.

Huangs Erkenntnisse decken sich mit jenen des Stoizismus. Die stoizistische Schule, auch Stoa genannt, ist eine philosophische Lehre, die aus dem antiken Griechenland stammt und später in Rom weiterentwickelt wurde. Die Stoiker waren der Überzeugung, dass der wahre Charakter eines Menschen erst in Krisenzeiten reift. Epiktet, mein Lieblingsphilosoph, ging durch eine harte Lebensschule. Er wurde als Sklave geboren. Daher sein Name – »Epiktet« heißt »der Erworbene«. Eines Tages zertrümmerte sein Herr ihm ein Bein (warum, ist nicht überliefert), sodass er ein Leben lang hinkte. Erst später, als Kaiser Nero gestorben war, erlangte Epiktet die Freiheit und gründete seine eigene Schule. Sie geht mit harten Schicksalen weiser um als jede andere Denkrichtung.

Ähnlich wie ein Soldat sich auf körperliche und geistige Anstrengungen vorbereitet, können auch Sie die Herausforderungen des Lebens nutzen, um Ihren Charakter zu schärfen. In der Geschäftswelt gehören Rückschläge zum Alltag. Wer schon etliche harte Situationen überlebt hat, wird künftige ruhiger anpacken, nicht gleich ausrasten und wissen, wie man mit sich selbst umgeht. Das ist der Resilienz-Boost von »Schmerz und Leid«. Er funktioniert hervorragend – zumindest, wenn das Leid vorübergehend ist.

Ich wünsche Ihnen, liebe Leserin, lieber Leser, zeitlich beschränkte, sanfte aber kräftigende Leidens-Dosen. Machen Sie es wie die Stoiker: Warten Sie nicht, bis das Schicksal zuschlägt – verlangen Sie sich selbst hin und wieder etwas ab, das jenseits Ihrer Komfortzone liegt. Fasten Sie gern mal ein paar Tage, oder schlafen Sie auf dem bloßen harten Boden. Stärken Sie sich für Schlimmeres – eines Tages wird es kommen.

39

LASSEN SIE IHREN GEFÜHLEN FREIEN LAUF

Sie sind wütend? Zeigen Sie es! Lassen Sie mal so richtig Dampf ab. Hauen Sie mit der Faust auf den Tisch. Schmettern Sie ein Glas an die Wand. Rempeln Sie auf dem Nachhauseweg den erstbesten Fußgänger an – oder besser noch, gehen Sie an der Baustelle vorbei, reißen Sie die Bretterwand nieder, schnappen Sie sich einen Vorschlaghammer und zertrümmern Sie alles, was rumliegt. So lange, bis Sie erschöpft, aber von allem Ärger befreit zusammensinken. Zumindest für den Moment.

Oder Sie sind gar nicht wütend, sondern traurig? Dann verkriechen Sie sich in den Keller, vergraben Ihr Gesicht in den Händen und weinen sich tagelang so richtig aus. Hören Sie dazu im Nonstop-Loop die »Mondschein-Sonate« von Beethoven oder »The Thrill is Gone« von B.B. King. Krabbeln Sie erst wieder ans Tageslicht, wenn keine Träne mehr herauszupressen ist.

Egal, aus welchem Grund es Ihnen schlecht geht, wenn Sie ein richtig miserables Leben führen wollen, empfehle ich Ihnen generell, all die negativen Emotionen so richtig zu zelebrieren. Wut, Trauer, Neid, Angst, Verzweiflung, Schuld, Empörung: Leben Sie sie aus, ja, kosten Sie sie aus – so lange wie nur möglich. Behandeln Sie jeden Gefühlsausbruch nicht als vorübergehenden Affekt, sondern werden Sie eins mit ihm – verkörpern Sie die Emotion! Seien Sie stolz auf die Kraft Ihrer Gefühle! Das macht Sie zu einer »großen Seele«. Lassen Sie Ihren Gefühlen auch freien Lauf, wenn Sie Wichtiges zu entscheiden haben – Partnerwahl, Karriere, Investitionen. Nichts führt Sie so zielsicher ins Elend wie die hysterische Stimme aus Ihrem tiefsten Inneren.

Die leise Stimme der Vernunft

Gefühlsmanagement ist seit jeher eine schwierige Angelegenheit. Schon die antiken griechischen Philosophen erkannten: Der Mensch unterscheidet sich vom Tier durch die Vernunft: Gefühle sind tierisch, ergo müssen sie sich der Ratio unterwerfen. Das klappt über Willensanstrengung, via Ablenkung oder mithilfe dessen, was man heute Cognitive Behavioral Therapy (CBT) nennt: die Zersetzung von Emotionen durch logische Argumente. Wut entsteht nicht aus den Dingen selbst, haben die Stoiker erkannt, sondern aus der Art, wie wir Situationen interpretieren. Wenn sich zum Beispiel jemand unflätig verhält, wird ein Stoiker, anstatt wütend zu werden, dies als eine willkommene Gelegenheit sehen, sich in Geduld und Verständnis zu üben. Er wird bedenken, dass die andere Person wahrscheinlich aus purer Unwissenheit handelt. Kurzum, der andere ist ein armer Tropf, mit dem man Erbarmen haben muss. So beschreibt es der römische Kaiser und Philosoph Mark Aurel in seinen »Meditationen«. In dem Maß, in dem wir unsere Interpretation im Griff haben, haben wir unseren Ärger im Griff.

Das Christentum hat viele Lebensregeln von den alten Griechen übernommen. Ziel blieb es weiterhin, die Emotionen unter Kontrolle zu halten. Beim Thema Wut-Management kam ein neues Mantra hinzu: »Vergib uns unsere Schuld, wie auch wir vergeben unseren Schuldigern.«

Erst in der Romantik löste sich das mächtige Kontrollsystem auf. Seit etwa hundert Jahren ist es – zumindest im Westen – normal geworden, sich den eigenen Emotionen hinzugeben. Man zeigt sie, man lebt sie, trägt sie stolz vor sich her, und man breitet sie überall und immer aus, manchmal jahrelang auf der Couch eines Therapeuten. Die moderne Metapher für Emotionen ist ein Dampfkessel, der, je länger der Deckel verschlossen bleibt, immer mehr zu explodieren droht. Also: Bei jeder Gelegenheit das Ventil pfeifen lassen!

Neue Untersuchungen zeigen aber, dass Sich-gehen-Lassen und Abreagieren nichts bringt. Die US-Wissenschaftler Sophie L. Kjaervik und Brad J. Bushman haben 154 Studien zu dem Thema gesichtet und zusammengefasst. Ihr Verdikt ist klar: Verschafft man sich Luft, geht Holz hacken, joggen, boxen oder schmeißt Teller an die Wand, bläst das die negativen Emotionen nur weiter auf. Das gilt sowohl für Männer als auch Frauen aller Altersklassen. Was hingegen funktioniert, sind Techniken, die beruhigen. Oder eben CBT. Was die alten Griechen schon wussten, bestätigt sich.

Tipp: Betrachten Sie Ihre negativen Gefühle wie das

Wetter. Wolken kommen und gehen. So wie Sie das Wetter nicht ausschalten können, können Sie Emotionen nicht ausschalten. Nehmen Sie sie nicht allzu ernst, und identifizieren Sie sich niemals mit ihnen. Erkennen Sie, dass Emotionen vorübergehend sind und nicht Ihre Identität ausmachen. Sie gehören nicht einmal Ihnen. Und falls Sie Gefühle trotzdem spannend finden? Dann bitte interessieren Sie sich mehr für die Emotionen der anderen als für Ihre eigenen.

40

VERSUCHEN SIE, SICH SELBST UMZUBRINGEN

Markus war fest entschlossen, seinem trostlosen Leben ein Ende zu setzen. Er war von Schmerz und Hoffnungslosigkeit geplagt und sah keinen Ausweg. In einem verzweifelten Moment entschied er sich für den Sprung von einem hohen Gebäude. Doch statt das gewünschte Ende zu finden, überlebte er den Sturz. Mit inneren Verletzungen und einem schwer geschädigten Rückenmark erwachte er auf der Intensivstation. Die Schmerzen waren unbeschreiblich. Die Ärzte teilten ihm mit, dass er den Rest seines Lebens im Rollstuhl verbringen müsse. Die Schmerzen waren durch nichts zu lindern, und die ständige Abhängigkeit von anderen machte ihn noch verzweifelter. Er hatte nicht nur seine Mobilität, sondern auch seine Selbstachtung verloren. Jeder Tag war eine Qual, gefüllt mit unendlichen Therapiesitzungen. Seine Familie und Freunde zogen sich allmählich zurück, unfähig, mit seinem Leid umzugehen. Markus war nun in einem Zustand, der weit über das hinausging, was er zuvor als unerträglich empfunden hatte.

Die leise Stimme der Vernunft

Wer kennt das nicht: Manchmal möchte man einfach aus dem Leben verschwinden: zu viel Unglück, zu viel Leid, zu viel Elend. Man hält es einfach nicht mehr aus. Seinem Leben ein Ende zu setzen, erscheint in diesem Moment als einziger Ausweg. Vor einigen Jahren hat sich einer meiner Freunde, CEO eines großen Konzerns, erhängt. Er war ein Mann in den besten Jahren, erfolgreich, smart, sportlich, gut aussehend, seine Mitarbeiter liebten ihn. Aber er steckte in einem tiefen seelischen Loch fest, verursacht durch Schuldgefühle aufgrund einer Affäre. Er sah keinen Ausweg aus seiner Verzweiflung und griff schließlich zum Strick. Was für ein Verlust für die hunderten von Menschen, die ihn kannten, schätzten und liebten. Ich bin überzeugt: Hätte er nur einige Wochen durchgehalten, das seelische Unwetter hätte sich verzogen, irgendwann wäre er aus dem Loch gekrochen und hätte mindestens vierzig weitere (vermutlich schöne) Jahre erlebt. Das ist der Fluch des gelingenden Selbstmords: Es gibt keinen Rückspulknopf. Man kann sich nur einmal umbringen.

Bevor Sie sich in Gedanken einem Suizid annähern, denken Sie bitte daran, dass wir Menschen schlecht im Prognostizieren sind. Gänzlich schlecht sind wir im Prognostizieren unserer zukünftigen Gefühle. Wenn Sie glauben, Ihr zukünftiges Leben werde eine einzige Kriecherei durch den Dreck, dann liegen Sie ziemlich sicher falsch. Der Harvard-Psychologieprofessor Dan Gilbert spricht hier von »Affective Forecasting«. Beispiel: Sie sind am Boden zerstört und fest davon überzeugt, niemals wieder glücklich sein zu können. Dieser Eindruck ist eine Übertreibung Ihres Hirns. Wir überschätzen systematisch die Intensität und Dauer unserer zukünftigen Emotionen. In den meisten Situationen zeigt sich: Schon nach wenigen Monaten sieht die Welt wieder besser aus. Dazu kommt, dass Ihre Persönlichkeit sich laufend, wenn auch sehr langsam, verändert. In zehn, zwanzig oder dreißig Jahren werden Sie ein anderer Mensch sein. Sie werden andere Prioritäten haben, andere Gefühle, andere Gedanken. Sie werden die Welt anders sehen. Deshalb haben Sie nicht das Recht, Ihr zukünftiges Selbst zu töten – genauso wenig, wie Sie das Recht haben, Ihren Bruder oder Ihre Schwester umzubringen. Wenn Sie mit vierzig Selbstmord begehen, bringen Sie gleichzeitig auch die Person um, die Sie dereinst mit fünfzig, sechzig oder siebzig gewesen sein wären.

Denken Sie auch daran, wie schmerzhaft jeder Suizid ist – und dass zwei Drittel aller Selbstmordversuche scheitern. Bedeutet: Sie überleben mit geschädigtem Körper oder beeinträchtigtem Hirn. Sie glauben, Ihre momentane Situation sei elend? Ist sie vielleicht. Aber in Ihrem Leben eingeschlossen ist eine Upside – also das Potenzial, dass alles viel besser wird. Vielleicht ist diese Upside im Moment unsichtbar, aber sie ist da. Nach einem gelungenen oder erfolglosen Suizid ist diese Upside ausradiert. Sie wollen jemandem etwas beweisen? Etwas heimzahlen? Jemandem Schuldgefühle machen? Oder ein Exempel statuieren? Nein, werfen Sie Ihr Leben nicht für einen solch billigen Handel weg. Dafür sind Sie viel zu wertvoll. Tun Sie es nicht. Schlucken

Sie lieber eine Weile lang Antidepressiva. Die funktionieren.

Fazit: Suizid ist nur legitim, wenn Sie am Ende Ihres Lebens stehen und keine Aussicht auf Besserung besteht. In diesem Fall sollten Sie wohlüberlegt vorgehen. Nie aus einer Emotion heraus. Holen Sie sich fachliche Unterstützung von einer Sterbehilfeorganisation (in der Schweiz: EXIT) ein. Versuchen Sie es auf keinen Fall selbst – und denken Sie auch an die anderen Menschen, die Sie mit Ihrer Tat verletzen werden. Denken Sie an Ihre Familie, Ihre Freunde und an die Menschen, denen Sie etwas bedeuten. Und seien Sie nicht das egoistische Arschloch, das sich auf die Bahnschiene legt. Ersparen Sie dem Zugsführer das Trauma.

41

HEIRATEN SIE FALSCH, UND BLEIBEN SIE EWIG ZUSAMMEN

Aus der Forschung wissen wir: Am glücklichsten sind Menschen in einer guten Ehe. Am zweitglücklichsten sind Menschen ohne Lebenspartner. Am schlimmsten dran aber sind Menschen in einer schlechten Ehe. Wenn Sie ein jammervolles Leben haben möchten, rate ich Ihnen: Heiraten Sie die falsche Person – und trennen Sie sich auf keinen Fall von ihr!

Die leise Stimme der Vernunft

Es gibt keine wichtigere Entscheidung als die Wahl Ihres Lebenspartners. Wenn Sie gut wählen, dürfen Sie fast alles andere in den Sand setzen – Ihre Karriere, Ihren Wohnort, Ihre Gesundheit, Ihre Finanzen – und Ihr Leben wird trotzdem gut oder mindestens tolerabel bleiben. Setzen Sie hingegen auf die falsche Person, können Sie sich überall noch so geschickt anstellen – Ihr Leben wird trotzdem die Hölle sein. Wir haben in einem früheren Kapitel (»Das Geheimnis einer schlechten Ehe«) über die besten Möglichkeiten gesprochen, eine Ehe zu ruinieren. Hier geht es darum, wie Sie »Mr. Perfect« bzw. »Mrs. Perfect« überhaupt erst finden. Ein paar Gedanken dazu.

Erstens, *spoiler alert*: Es gibt keinen Algorithmus dafür. Wenn es eine verlässliche Checkliste gäbe, die Sie bei Ihren ersten Dates einfach abhaken könnten, wäre die Scheidungsziffer wesentlich tiefer. Nein, es handelt sich hier um eine fast unlösbare Aufgabe, die Rolle des Zufalls ist immens. Ich kenne einige der eindrücklichsten CEOs der Welt, Genies im Umgang mit Menschen, und selbst die stehen laufend vor dem Scheidungsrichter. Der einzig empirisch erhärtete Faktor, der die Aussicht auf eine gute Ehe verbessert, ist Ähnlichkeit bezüglich Persönlichkeit, Werten und Lebenszielen. Die Person, die Sie heiraten, sollte ähnlich ticken und Ähnliches wollen wie Sie. Was ist mit der beliebten Regel »Gegensätze ziehen sich an«? Komplett falsch. Gegensätze sind Sprengstoff. Es ist ohnehin schwierig genug, die Kluft zu überwinden, die sich immer wieder zwischen den Geschlechtern auftut. Haben Sie dann auch noch gänzlich unterschiedliche Vorstellungen, wie jedes andere Hindernis zu bewältigen ist, dann – viel Glück.

Zweitens: Vergessen Sie die Idee, Sie könnten Ihren Lebenspartner nach Ihren Idealvorstellungen formen. Funktioniert nicht. (Siehe Kapitel: »Versuchen Sie, Menschen zu verändern«.)

Drittens: Heiraten Sie nicht die erste halbwegs passable Person, die Ihnen über den Weg läuft. Auch in der Liebe können Sie nämlich von der Mathematik lernen. Von dort kennen wir das sogenannte »Sekretärinnenproblem«: Sie möchten eine Sekretärin (pardon, einen

Assistenten) einstellen und haben hundert Bewerbungen. Sie können jeden Bewerber nur einmal interviewen und müssen dann gleich entscheiden, ob Sie ihn einstellen oder ablehnen. Wie gehen Sie vor? Die optimale Lösung: Sie interviewen die ersten 37 Bewerber und lehnen konsequent alle ab. Danach stellen Sie den ersten Bewerber ein, der besser ist als der beste unter den ersten 37. Bedeutet für das Finden eines Lebenspartners: Erst wenn Sie viele Dates und Beziehungen hinter sich haben und sich damit ein Gefühl für die Qualität der auf dem »Markt« befindlichen Kandidaten erworben haben, sollten Sie sich binden. Zwei, drei Stichproben reichen nicht.

Viertens: Heiraten Sie niemals wegen Geld. Der Milliardär Warren Buffett: »Es ist wahrscheinlich unter allen Umständen eine schlechte Idee, aber absolut verrückt, wenn man bereits reich ist.« Je weniger andere Qualitäten eine Person besitzt, desto heller leuchtet das Geld. Die Psychologie bezeichnet dies als »Halo Effect« (auf Deutsch »Heiligenschein-Effekt«). Lassen Sie sich davon auf keinen Fall blenden.

Fünftens: Wie findet man einen guten Lebenspartner? Antwort: Indem man sich ihn verdient. Sie müssen selbst ein attraktives Angebot auf dem Heiratsmarkt sein, sonst wird sich kaum jemand für Sie interessieren. Gute Lebenspartner sind weder blind noch blöd. Arbeiten Sie also erstens mal an sich selbst.

Sechstens: Wenn Ihre Beziehung trotz aller Vermeidung von Fehlern (keine Affären, keine Überstunden, tadellose Mülltrennung) und trotz aller gegenseitigen Bemühungen nur noch anstrengend ist, trennen Sie sich. Es hat wenig Sinn, sich aus bloßer Prinzipienreiterei für den Rest des Lebens aneinanderzuketten, sich laufend anzugiften, sich erniedrigen zu lassen, Teller an die Wand zu schmettern oder in demonstrativer Verdrossenheit zu verharren. Geben Sie zu, dass es beim besten Willen nicht funktioniert – aber peinigen Sie sich nicht darüber. Als Single gehören Sie immerhin zur zweitglücklichsten Gruppe von Menschen – siehe oben. Und Sie bewahren sich die Chance auf den Aufstieg in die erste Liga.

42

SEIEN SIE NACHTRAGEND

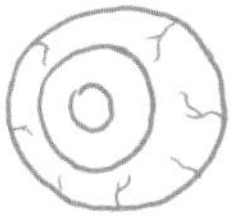

Sie möchten ein qualvolles Leben? Stürzen Sie sich in Groll und Verbitterung. Es gibt kein besseres Rezept, sich das Leben zu vermiesen. Sicher hat schon mal jemand hinter Ihrem Rücken schlecht über Sie geredet. Vielleicht haben Ihre Eltern Sie nicht in jeder Hinsicht exakt gleich behandelt wie Ihre Geschwister. Vielleicht hat Ihre Konkurrentin Ihnen auf der Karriereleiter ein Bein gestellt. Vielleicht haben Sie eine bittere Scheidung hinter sich, vielleicht ist eine Freundschaft in Bruch gegangen, oder Sie haben sich mit Angehörigen überworfen. Denken Sie über Ihr Leben nach, und Sie werden bestimmt jede Menge Menschen finden, denen Sie mit gutem Grund etwas nachtragen können. Suhlen Sie sich jeden Tag in Selbstmitleid, hegen Sie nicht nur Groll, sondern pflegen Sie ihn, füttern Sie Ihren Unmut unaufhörlich, und Ihr Leben wird kaum noch zu ertragen sein. Nichts auf der Welt verzehrt einen Menschen so schnell wie Verbitterung.

Die leise Stimme der Vernunft

Alle komplexen Emotionen haben ihre Wurzeln in unserer evolutionären Vergangenheit. Auch Wut und Groll. Als Jäger und Sammler haben wir in Kleingruppen von etwa fünfzig Menschen gelebt. Jeder kannte jeden bis ins Detail. In einer solchen Gemeinschaft lässt sich Wut nicht verstecken. Alle Höhlen-WG-Mitbewohner verstehen sofort: Hier wurde ein sozialer Vertrag verletzt. In der heutigen anonymen Gesellschaft hingegen verpufft diese Signalwirkung größtenteils. Umso länger bleibt aber der Ausläufer der Wut, nämlich der heimliche Groll, am Köcheln – manchmal jahrelang.

Tipp: Streichen Sie diese Emotion aus Ihrem Repertoire. Klingt schwierig? Ist aber tatsächlich möglich. Nelson Mandela hat es bewiesen: Nachdem er 27 Jahre im Gefängnis verbracht hatte, eingekerkert vom südafrikanischen Apartheidregime, kam er ohne Bitterkeit oder dem Wunsch nach Rache heraus – und wurde schließlich der erste schwarze Präsident des Landes.

Nicht nur auf der weltpolitischen Bühne, auch im Privatleben gibt oder besser: gäbe es ausreichend Anlässe für Verbitterung. 1978 unterzog sich der Investor Charlie Munger einer Augenoperation. Sie ging total daneben, weil der Arzt nach einer veralteten Methode operierte. Statt besserer Sehkraft bekam Munger ein Glasauge eingesetzt. »Das alles geschah vor 25 Jahren«, sagte Munger zu seiner Biografin. »Eine neue und bessere Operation war zwar erfunden worden, aber ich habe nicht darauf geachtet – ich habe einfach dem Arzt vertraut, der mir die alte Operation empfohlen hatte, die einzige, die er kannte. Ich werde Ihnen seinen Namen nicht nennen. Ein ganz netter Kerl. *Ich* habe den Fehler gemacht, es war meine Schuld«: Wie kann das sein? Hier verliert einer sein Auge, weil sein Arzt Mist baut, und hegt nicht den geringsten Groll? Tatsächlich nicht, denn Munger lebte getreu seiner eisernen Regel: »Jedes Mal, wenn du denkst, dass eine Person oder eine Ungerechtigkeit dein Leben ruiniert, bist du es, der dein Leben ruiniert.«

Wenn Ihnen diese Beispiele nicht genügen, um dem Gefühl der Verbitterung für alle Zeit zu entsagen, dann hilft Ihnen vielleicht diese philosophische Überlegung: Die Stoiker unterteilten die Welt in Dinge, die man ändern kann, und in Dinge, die man nicht ändern kann. Sich über unveränderbare Dinge aufzuregen ist zwecklos und blödsinnig. Und zu diesen unveränderbaren Dingen gehört nun mal alles, was in der Vergangenheit passiert ist.

Nachdem George McGovern 1972 als Präsidentschaftskandidat Richard Nixon massiv unterlegen war, machte er einige bittere Bemerkungen über Journalisten der *Washington Post*, die seine Präsidentschaftskampagne kritisiert hatten. Drei Monate später schrieb er der Zeitungsverlegerin: »Ich bedaure diesen Ausbruch und habe festgestellt, dass ich höchstens drei Monate lang einen Groll hegen kann. Mit dieser Notiz möchte ich einfach nur sagen, dass ich jetzt alle Wahlkampfsorgen vergessen habe. Es ist einfach zu schwierig, sich daran zu erinnern, welche Leute ich nun eigentlich meiden sollte.« Groll verschlingt viel Gehirnkapazität. Wenn Sie

Ihn nicht ganz ausschalten können, setzen Sie sich ein Ablaufdatum für Groll.

Vielleicht erinnert Sie dieser Rat an die Kraft der Vergebung, wie sie in der Bibel gefordert wird. Nun, bei mir zumindest funktioniert Vergebung nicht – wohl aber funktioniert das simple Vergessen. Unser Familien-Trick: Jedes Jahr am 31. Dezember schreiben meine Frau und ich die Namen der Personen, auf die wir aus gutem Grund wütend sein könnten, auf Zettel, die wir dann feierlich verbrennen. Mit dem Rauch verfliegt auch der Unmut – aber nur, wenn wir dabei auch mindestens eine Sache aussprechen, die wir zur Verschlechterung der Situation beigetragen haben – eine winzige Anlehnung an Mungers Eiserne Regel.

43

VERSCHREIBEN SIE SICH EINER IDEOLOGIE

Treten Sie einer Sekte bei. Schließen Sie sich einem Kult an. Verschreiben Sie sich mit Haut und Haaren einer Ideologie. Endlich haben Sie eine Weltsicht gefunden, die alles erklärt – das Gute, das Böse, die Kriege, die Begierden, die Geburt und den Tod. Nach aller Mühsal Ihres bisherigen Lebens hat es das Schicksal jetzt doch gut mit Ihnen gemeint: Sie gehören zu den wenigen Menschen, die wirklich begriffen haben, was los ist. Sie sind auserwählt, Sie sind erleuchtet! Blicken Sie von Ihrem Hochsitz auf die ignoranten, armseligen, normalen Menschen herunter, die das Licht der Wahrheit noch nicht erblickt haben, ja, vielleicht nie erblicken werden. Legen Sie sich Kleider und Accessoires zu, die Ihre Zugehörigkeit zum Kreis der Klarsichtigen signalisieren – Hijab, Talar, Kippa, Mao-Jacke, Regenbogen-T-Shirts, gelbe Weste, Tasche aus recycelten Lkw-Planen.

Sollten Sie noch nicht alles ganz nachvollziehen können, was Ihre Leitfigur gepredigt hat – zum Beispiel »Dreifaltigkeit«, »Reinkarnation« oder die »klassenlose Gesellschaft« –, sorgen Sie sich nicht. Sie brauchen bloß noch etwas Gehirnwäsche in Form von Seminaren, Workshops und Retreats. Spenden Sie doch Ihre ganzen Ersparnisse und vor allem Ihre Lebenszeit an Ihre neue Community! Noch besser, werden Sie Führungsmitglied! Das hat den Vorteil, dass Sie die Kult-Regeln laufend runterleiern dürfen, und je häufiger Sie sie herausposaunen, desto endgültiger hämmern Sie sie in Ihr Gehirn. Im Handumdrehen verwandeln Sie Ihr Hirn in einen Kuhfladen und Ihr Leben in eine Misere.

Die leise Stimme der Vernunft

Ideologien – und dazu gehören auch Religionen – sind gebündelte Ansichten. Sie kommen nicht als einzelne, unabhängige Aussagen daher. Es sind komplizierte Gedankengebilde, die überlebt haben, nicht weil sie wahr sind, sondern weil sie sich effektiv selbst replizieren.

Ideologien geben vor, mehr zu erklären als die Wissenschaft. Damit sind sie zum großen Teil Fiktionen. Es gibt keine Möglichkeit, sie durch Experimente zu falsifizieren. Wie zum Beispiel wollen Sie die Existenz des »Jenseits« oder die Aussage, dass wir alle irgendwie »Opfer« sind, falsifizieren? Unmöglich! Als ich einmal eine Anhängerin der Moon-Sekte auf ihre realitätsfremden Glaubenssätze angesprochen hatte, antwortete sie: »Genau das ist ja der Unterschied zwischen Realität und Glauben. Die Realität kann man überprüfen. Den Glauben hingegen muss man glauben, sonst würde man ihn nicht Glauben nennen.« Eine klassische Zirkelbegründung. Ebenso unsinnig wie unangreifbar.

Ideologien verhalten sich also wie Viren. Ist jemand

erst einmal infiziert und nicht mit ausreichend Vernunft geimpft, ist der Seuche kaum noch beizukommen. Mit den Worten des Philosophen Daniel Dennett: »Es gibt schlicht keine höfliche Art, Menschen zu sagen, dass sie ihr Leben einer Illusion gewidmet haben.«

Nicht jede Illusion ist schlecht – manche sind für das friedliche Zusammenleben von Menschen sogar essenziell. »Geld« zum Beispiel ist eine Fiktion. Nur wenn wir alle daran glauben, kann es seine Funktion erfüllen. In dem Moment, in dem wir die Einsen und Nullen, die in den Datenzentren unserer Banken schlummern, als das entlarven, was sie sind – in dem Moment ist Geld wertlos. Dasselbe gilt für »Eigentum«: Die Natur kennt nichts dergleichen. Dasselbe mit »Firmen«, »Staaten« oder der »globalen Ordnung«. Alles komplett abstrakte Begriffe. Oder »Menschenrechte«: Hat jeder Mensch wirklich denselben »Wert«? Was heißt »Würde« des Menschen? Wo findet man die? Besaß Hitler wirklich dieselbe Würde wie mein Freund, der eine Universität in Burkina Faso gegründet hat? Come on! Und selbst wenn wir an Menschenwürde glauben: Wann genau entsteht sie? Bei der Geburt? Bei der Zeugung? Irgendwann dazwischen? Und doch ist »Menschenwürde« eine nützliche Fiktion, die wir beibehalten sollten.

Vieles, an das wir glauben, ist also Fiktion und trotzdem nützlich. Warum dann also nicht einem Kult beitreten, wenn uns dieser glücklicher macht? Blinder Glaube kann für die Bewältigung des Alltags äußerst nützlich sein.

Mein Tipp, um nützliche von unnützen Vorstellungen zu trennen: Tauchen Sie alle Ideologien, Religionen und

Fiktionen gedanklich nacheinander in zwei »Säurebäder« – das der Rationalität und das der Satire. Fragen Sie sich: Ist es innerhalb einer Ideologie noch erlaubt, die Wahrheit zu sagen? Darf man darüber Witze machen? Verträgt sie Humor und Spott? Falls nicht: Hände weg! Bei den Gedankengebilden, die übrig bleiben, entscheiden Sie, welche Sie bewusst akzeptieren und welche nicht. Vielleicht wird es Ihnen dann nicht mehr möglich sein, zu hundert Prozent an Gott, an Menschenrechte oder den Kommunismus zu glauben, selbst wenn Sie es weiterhin mit vollem Herzen tun möchten. Das ist das Pikante an der Aufklärung: dass man nützliche Illusionen, nachdem man sie als solche erkannt hat, beim hellen Licht des Tages trotzdem akzeptiert.

44

VERSUCHEN SIE, MENSCHEN ZU VERÄNDERN

Falls Sie Ihr Leben für ein komplett aussichtsloses Unterfangen vergeuden möchten, habe ich einen Tipp für Sie: Versuchen Sie, Menschen zu verändern. Heiraten Sie einen offensichtlichen Problemfall – Sie werden seine Retterin oder sein Retter sein! Dann erziehen Sie Ihre Kinder so, dass Sie ein getreues Abbild Ihrer selbst werden: gleiche Interessen, gleiche Stärken, gleicher Charakter. Und natürlich setzen Sie Ihre Zauberkräfte auch am Arbeitsplatz ein: Polen Sie vorsichtige Menschen, die im Stillen hervorragende Arbeit leisten, zu risikofreudigen Haudegen um, schicken Sie Ihren Buchhalter in den Verkauf und die Grafikerin in die IT-Entwicklung. Sisyphus wird Sie in seinem Fan-Club aufnehmen.

Die leise Stimme der Vernunft

Kann man die Persönlichkeit verändern – die eigene oder jene von anderen? Was sagt die Weltliteratur, also der Erfahrungsschatz von Hunderten von Jahren? Keine Frage: Völlig unmöglich! Zwei Beispiele, ultra-verkürzt:

In Tolstois Meisterwerk *Anna Karenina* versucht die Protagonistin, ihre Persönlichkeit den gesellschaftlichen Normen anzupassen, die von einer Adeligen erwartet werden. Vergeblich. Am Schluss wirft Sie sich unter einen Zug. In Goethes *Die Leiden des jungen Werthers* wird dem jungen Mann bald klar, dass er mit seiner melancholischen Persönlichkeit keine Chance bei der angebeteten Lotte hat. Er versucht alles: Er zieht weg, stürzt sich in die künstlerische Arbeit, sucht sein Heil – sehr romantisch – in der Natur. Nichts funktioniert. Am Schluss erschießt er sich.

Was sagt die Wissenschaft? Es gibt fünf stabile und ziemlich unabhängige Persönlichkeits-Dimensionen, die sogenannten »Big Five«, und ihre dazugehörigen Gegenspieler: 1. Offenheit (für neue Erfahrungen) versus Verschlossenheit. 2. Gewissenhaftigkeit versus Schludrigkeit. 3. Extraversion versus Introversion. 4. Kooperationsfähigkeit versus Einzelgängertum. 5. Emotionale Stabilität versus Neurotizismus. Kann man sich auf dem Kontinuum dieser fünf Dimensionen selbst verändern? Ja, aber nur zähflüssig und mit enormem Aufwand. Als introvertierte Person können Sie sich vornehmen, ein bisschen extrovertierter zu werden, indem Sie sich tatsächlich etwas extrovertierter verhalten. Vielleicht veranstalten Sie mal eine kleine Party, auch wenn es sich wie eine Mount-Everest-Besteigung anfühlt. »Fake it till you make it« (»Täusche es vor, bis du es schaffst«), lautet hier das Motto. Fachbegriff: Verhaltenstherapie. Alles unendlich langsam, frustrierend inkrementell, aber nicht unmöglich.

Anders sieht es mit anderen Menschen aus. Deren

Persönlichkeit können Sie nicht verändern. Äußere Motivation, Anreize, Druck – nützt alles nichts. Deshalb: Begeben Sie sich nie in Situationen, in denen Sie Menschen verändern müssen. Sie können nur verlieren. Wenn schon, ist es viel effizienter, Menschen, mit denen Sie nicht zurechtkommen, gegen andere auszutauschen – oder sich selbst auszutauschen, indem Sie aus dieser Situation aussteigen. Im Firmenumfeld ist das relativ einfach. Schwieriger wird es in einer Lebenspartnerschaft. Charlie Munger warnt: »Wenn du ein miserables Leben willst, heirate jemanden mit der Absicht, sie oder ihn zu verändern.« Falls Sie bereits verheiratet sind: Akzeptieren Sie entweder die Eigenheiten Ihres Lebenspartners (und vice versa), oder trennen Sie sich. Noch schwieriger ist es bei den eigenen Kindern. Trennung ist hier keine Option, es bleibt also nur die Toleranz. Die Liebe, die Sie eigenen Kindern schenken, interpretieren diese ohnehin als Akzeptanz ihrer wie auch immer schrulligen Persönlichkeit.

Eine Ausnahme gibt es. Ja, man kann die Persönlichkeit eines Menschen ein bisschen verändern, indem man ihn von einer Peer-Group in eine andere steckt. Das funktioniert leider nur bis zu einem gewissen Alter. Am offensichtlichsten bei einem Jugendlichen, der zum Beispiel die Schule wechselt. Plötzlich hat er andere Freunde, und sein Verhalten gleicht sich ihrem an.

Warum gibt es überhaupt unterschiedliche Charaktere? Das ist die Antwort der Evolution auf sich ständig verändernde Bedingungen. Keine Pflanze, kein Tier ist identisch. Damit steigt die Wahrscheinlichkeit, dass die Spezies als Ganzes überlebt: Einzelne Individuen werden scheitern, andere aber werden Erfolg haben. Dasselbe gilt natürlich für Menschen. Hätten wir alle dieselbe Persönlichkeit – und damit dieselben Herangehensweisen an Probleme –, wären wir längst ausgestorben. Aber warum sind wir denn so frustrierend unveränderbar? Auch das hat seinen Grund: Wir können nur effizient mit anderen Menschen zusammenarbeiten und stabile Beziehungen knüpfen, wenn wir ihr Verhalten vorhersehen können. Um geachtete Mitglieder der Gemeinschaft zu werden, müssen wir fast sklavisch konsistent sein – und die meisten von uns sind das auch.

Fazit: An charakterlichen Defiziten zu arbeiten ist ein nobles Ziel. Aber beschränken Sie sich dabei auf sich selbst. Damit werden Sie genug zu tun haben.

45

SAGEN SIE IMMER, WAS SIE DENKEN

Sagen Sie immer, was Sie denken. Sprechen Sie es aus – frei heraus! Seien Sie komplett offen und ehrlich – in der Partnerschaft, mit Ihren Kindern, mit Ihren Freunden, Mitarbeitern, Chefs, mit den Nachbarn und in der Öffentlichkeit. Authentizität kennt keine Grenzen. Befreien Sie das Chaos in Ihrem Kopf, indem Sie es nach außen stülpen.

Manche werden Sie dafür lieben, andere werden Sie dafür hassen. Das muss Ihnen egal sein. Tun Sie es nicht nur für sich, um sich Erleichterung zu verschaffen, sondern auch für Ihre Umgebung – die soll von Ihrer Offenheit profitieren dürfen. Sagen Ihrem Gegenüber geradeheraus, was Sie von ihm halten, ungefiltert, ungeschminkt. Es gibt so vieles, was die Leute – sei es der Sitznachbar im Zug, die Verkäuferin an der Kasse oder die Lehrerin Ihrer Kinder – in ihrem Leben besser machen könnten. Ja, erziehen Sie die Menschen ruhig ein bisschen! Das ist Ihr persönlicher Beitrag, die Welt ein Stück besser zu machen – und Ihr eigenes Leben massiv zu verschlechtern.

Die leise Stimme der Vernunft

»Die Wahrheit ist dem Menschen zumutbar«, sagte die Schriftstellerin Ingeborg Bachmann. Mag sein – aber nur in wohlproportionierten Dosen. Es gibt einen Grund, warum Präsidenten oder CEOs Pressesprecher haben. Sie, liebe Leserin, lieber Leser, sollten im Kontakt mit der Außenwelt Ihr eigener Pressesprecher sein. In Personalunion. Spielen Sie diese Rolle professionell und sympathisch. Jedermann versteht, dass ein Pressesprecher nicht alles ausplaudert, was er weiß oder denkt.

Sätze wie »Du hast abgenommen, du siehst viel besser aus!« oder »Zumindest hast du es probiert!« mögen gut gemeint sein. Lassen Sie sie trotzdem bleiben. Je weniger Sie sagen, desto besser. Hören Sie lieber zu, das ist interessanter – Ihre eigene Position kennen Sie ja bereits. Sagen Sie nie, was Sie von jemand anderem halten, selbst wenn Ihr Gegenüber Sie explizit darum bittet. Kritik einfordern heißt nicht, dass man mit ihr auch umgehen kann. Ist der Faden einer Beziehung erst einmal gerissen, lässt er sich nur schwer wieder zusammenknüpfen. Was einmal gesagt ist, kann man nie zurücknehmen. Stellen Sie den Takt über die Ehrlichkeit. Das ist eine altertümliche Regel, aber sie bewahrt Sie davor, Ihre sorgfältig aufgebauten Freund- und Bekanntschaften in ein Trümmerfeld zu verwandeln.

In dem Moment, in dem Sie jemandem ins Gesicht sagen, wo seine oder ihre Schwächen liegen, haben Sie das Problem an der Backe. Sie sind schuldig, wenn Ihr Gegenüber sich verletzt fühlt, und finden sich jetzt automatisch in der Pflicht des Therapeuten. Halten Sie sich deshalb mit beleidigenden Aussagen zurück – auch solchen, die »nicht so gemeint« sind. Es ist nicht Ihre Aufgabe, Erwachsene zu erziehen.

Auch unter engen Freunden gibt es Takt. Selbst in der Ehe gibt es Takt. Ich weiß, es gibt interessantere Männer als mich. Doch wenn meine Frau mir ständig mitteilen würde, welche anderen Männer sie gerade umwerfend findet, oder ich ihr ständig sagen würde, wie sexy ich gerade diese oder jene Frau finde, kämen wir schnell an den Abgrund. Sowohl meine Frau wie auch ich sind uns bewusst, dass es auf diesem Planeten auch noch andere potenzielle Partner für uns gegeben hätte – durchaus attraktive. Was bringt's, sich das unter die Nase zu reiben?

Im Jahr 2022 erschien einer der eindrucksvollsten Briefwechsel der Literatur – jener zwischen Max Frisch und Ingeborg Bachmann. Dreihundert Briefe über 780 Seiten. In einem der ersten Briefe aus dem Jahr 1959 haben sich die beiden totale Ehrlichkeit geschworen. Am Ende des Briefwechsels stand ein Berg von Missverständnissen und Anschuldigungen. Die Beziehung war zum Trauerspiel geworden und endete in einer zermürbenden Trennung.

Die Literatur hat die totale Offenheit mehrmals durchgespielt. Am besten im Theaterstück *Wer hat Angst vor Virginia Woolf?* von Edward Albee. Die Ehepartner George und Martha packen vor einem eingeladenen Ehepaar unerbittlich harte Wahrheiten aus. Sie stochern, ja, wühlen in den Wunden ihrer Beziehung, bis diese unmöglich wieder heilen können.

Totale Transparenz ist der Tod jeder Beziehung, privat ebenso wie öffentlich und im Beruf. Berkshire Hathaway ist das erfolgreichste Firmenkonglomerat aller Zeiten. Nach einer kurz gehaltenen, offiziellen Aktionärsversammlung nimmt sich der Gründer Warren Buffett jedes Jahr mehrere Stunden Zeit für Fragen aus dem Publikum. Was darf gefragt werden? Dazu gibt Buffett klare Limiten vor: »Fragen Sie nicht, was wir kaufen oder verkaufen wollen. Auch wenn die Informationen öffentlich sind, besprechen wir nicht, wie wir zu unseren Entscheidungen kommen. Wir werden auch nicht über Politik sprechen. Alle anderen Themen sind Freiwild.«

Genauso klare Kommunikationsregeln sollten Sie für Ihr Leben etablieren. Huldigen Sie nicht dem Kult der Authentizität. Setzen Sie für jede Beziehung klare Grenzen, wie viel Sie von sich preisgeben wollen. Das einzig radikal ehrliche, total offene Gespräch, das Sie führen sollten, ist das Selbstgespräch.

46

TUN SIE ALLES MÖGLICHE GLEICHZEITIG

Sie wollen in Ihrem Leben möglichst wenig erreichen? Dann empfehle ich Ihnen Multitasking. Das beginnt schon im Studium: Parallel zum Lernen chatten Sie nonstop auf den verschiedensten Kanälen. So bleibt garantiert nichts in Ihrem Kopf hängen. Später, im Job, irren Sie durch die Tage, indem Sie ein Dutzend Aufgaben und Projekte parallel erledigen – beginnen Sie alles und jedes, und bringen Sie nichts zu Ende. Ja, verzetteln Sie sich! Hetzen Sie von Task zu Task, und bleiben Sie überall Mittelmaß

Während der Zoom-Calls lesen Sie die News oder Ihre E-Mails. Das fällt niemandem auf, weil es alle anderen im Zoom-Call auch tun. Während Sie E-Mails beantworten, telefonieren Sie. Während des Dinners zücken Sie Ihr Handy und scrollen schnell durch ein paar WhatsApp-Meldungen. Das wird doch wohl noch erlaubt sein! Ach ja, reisen Sie nicht, um etwas zu erleben, sondern um es zu filmen und zu posten. Mit Multitasking werden Sie viel erreichen – viel Oberflächliches, Austauschbares, Mittelmäßiges, Überflüssiges. Beste Voraussetzungen für ein schlechtes Leben!

Die leise Stimme der Vernunft

Unser Körper erledigt automatisch und unbewusst tausend Dinge gleichzeitig. Wir wachsen, verdauen, reparieren Zellen, killen Viren und Bakterien, heilen Wunden, sehen, atmen, riechen, tasten, fühlen, während wir auf nur zwei Beinen durch die Welt balancieren. Jeder Mensch ist, biologisch betrachtet, ein Multitasking-Genie.

Das Problem beginnt bei jenen Tätigkeiten, die wir bewusst ausführen. Hier sind wir Opfer einer eigentlichen Epidemie des Multitasking geworden. Noch nie haben Menschen versucht, so viel parallel zu erledigen. Früher ging das gar nicht. Natürlich konnte der Bauer im Mittelalter mit seinem Ochsen plaudern, während er den Pflug steuerte, nur durfte er nicht auf Antworten hoffen. Dank der modernen Technologie können wir uns heute vielem gleichzeitig widmen. Sie können sich beim Autofahren von Musik oder einem Podcast begleiten lassen. Das ist unproblematisch, wenn Sie nicht gerade ein Hypnose-Training hören. Oder Sie können telefonisch einen Termin mit dem Physiotherapeuten vereinbaren, während Sie kochen. Seien Sie einfach nicht überrascht, wenn Ihre Soße etwas zu salzig gerät.

Wir können zwar Dinge parallel »erledigen«, aber wir können nichts parallel »erschaffen«. Zwischen Erledigen und Erschaffen liegt ein riesiger Unterschied. Beim Erledigen befinden wir uns im Bereich sogenannter Low-Intensity-Tätigkeiten. Um etwas zu erschaffen, müssen wir hingegen mit hoher Intensität bei der Sache sein.

Low-Intensity-Tätigkeiten sind Aufgaben, bei denen wir nichts Besonderes erreichen wollen. Zum Beispiel Zähneputzen. Das gehört einfach zu Ihrer täglichen Routine. Wenn Sie das Zähneputzen mit einem Hörbuch anreichern, ist das zwar Multitasking, aber kein Problem, denn Sie wollen ja nicht der weltbeste Zähneputzer werden.

High-Intensity-Tätigkeiten hingegen (vom amerikanischen Computerwissenschaftler Cal Newport »deep work« genannt) sind Aufgaben, bei denen wir Herausragendes erzielen möchten. Es soll neuartig sein oder erstklassig. Es soll besser sein als alles, was wir bisher auf diesem Gebiet geleistet haben. Im allerbesten Fall sogar besser, als es weltweit irgendjemand kann. Bei »deep work« ist Multitasking unmöglich. Es zerstückelt die Aufmerksamkeit, die wir für die Erschaffung von etwas Neuartigem oder Exzellentem unbedingt brauchen. Warum? Weil nach jedem Switch zu etwas anderem ein Rest des alten Fokus übrig bleibt. Diesen Rest nennt man »attention residue« (etwa: »Aufmerksamkeitsrückstand«). Beispiel: Sie Arbeiten an der Lösung eines kniffligen Problems und leisten sich einen einminütigen Abstecher auf eine News-Seite – jetzt dauert es zehn Minuten, bis Sie mit dem Kopf wieder voll bei Ihrem Problem sind. Wenn Sie hingegen konsequent bei Ihrer Aufgabe bleiben, kommt es Ihnen zwar vielleicht vor, als würde sich diese ewig in die Länge ziehen – aber letztlich sind Sie viel effizienter. Sie minimieren den Aufmerksamkeitsrückstand.

Der stärkste Aufmerksamkeitsrückstand stammt von halb fertigen Arbeiten, die sich ständig ins Bewusstsein drängen. Die Psychologin Sophie Leroy, die an der University of Minnesota lehrt, hat den »attention residue« untersucht und kommt zu dem Schluss: »Es fällt Menschen schwer, ihre Aufmerksamkeit von einer unerledigten Aufgabe abzuwenden. Das ist nichts weniger als der wissenschaftliche Beweis für das, was Ihre Großmutter schon immer sagte: ›Eins nach dem anderen!‹«

Kleiner Tipp: Nehmen Sie ein Papier nie mehr als einmal in die Hand. Dito mit E-Mails. In dem Moment, in dem Sie die E-Mail öffnen, schließen Sie einen Vertrag mit sich ab: Sie verpflichten sich, sie in einem Zug zu beantworten (oder zu löschen). Übrigens lohnt es sich nach meiner Erfahrung, die E-Mail-Software so einzustellen, dass im Überblick keine einzige Zeile Inhalt angezeigt wird. Sonst steigt die Gefahr, dass Ihre Gedanken schon wieder ganz woanders sind.

47

BLEIBEN SIE OBERFLÄCHLICH

Im letzten Kapitel haben wir über Multitasking gesprochen. Es gibt eine ähnlich verheerende Vorgehensweise, die ich Ihnen ans Herz legen möchte, wenn Sie auf Misserfolg aus sind: das oberflächliche Arbeiten. Konzentration ist anstrengend, Tiefe ermüdend, Originalität schwierig. Warum sollten Sie sich das antun? Schalten Sie die Intensität ein paar Stufen runter. Nehmen Sie nur Arbeiten an, die Sie tendenziell unterfordern. Bleiben Sie oberflächlich in allem, was Sie tun, denken und sagen

Die leise Stimme der Vernunft

Für ein gutes Leben hingegen empfehle ich Ihnen, möglichst viele Tätigkeiten vom Low-Intensity- in den High-Intensity-Modus zu schieben. Warum? Erstens, weil Sie die Dinge viel schneller und besser ausführen werden, wenn Sie fokussiert sind wie ein scharfer Laser. Zweitens, weil Sie damit Ihren Kompetenzkreis festigen und mit der Zeit Meisterschaft erlangen. Meisterschaft wiederum ist in einer globalen Wirtschaft die einzige Eigenschaft, die Ihnen ein deutlich überdurchschnittliches Gehalt garantiert. Ach ja, und drittens, weil ein fokussiertes Leben einfach mehr Spaß macht. Ein Low-Intensity-Leben ist schrecklich.

Drei Tipps für mehr Tiefgang. Erstens: Reduzieren Sie möglichst viel »shallow work«, also oberflächliche Arbeiten, indem Sie diese aus Ihrem Kalender streichen oder delegieren. Fragen Sie sich: Wie viele Monate würde es dauern, einen talentierten Hochschulabsolventen ohne spezielle Ausbildung in meinem Bereich für diese Aufgabe auszubilden? Wenn die Antwort »ein paar Wochen« lautet, schauen Sie zu, dass Sie die Aufgabe loswerden. Damit gewinnen Sie mehr Zeit für »deep work«, also für tiefgreifende Arbeit, die kaum jemand besser macht als Sie. Meetings, Administrations- und Reporting-Aufgaben im Beruf sind die Klassiker von »shallow work«. Versuchen Sie, sie so gering wie möglich zu halten, und nutzen Sie AI-Tools, wo immer das hilft. Reservieren Sie sich große Zeitabschnitte für »deep work«. Tragen Sie sie in den Kalender ein – und zwar fix, geblockt, unantastbar.

Zweitens: Lassen Sie keine Ablenkung zu. Definieren Sie auf Ihrem Smartphone, welche Anrufe Sie durchlassen und welche nicht. Bei mir kommen ausschließlich Familienmitglieder und Mitarbeiter durch. Alles andere landet auf der Mailbox mit dem Hinweis, man möge mir doch bitte eine E-Mail schicken, statt eine Voicemail zu hinterlassen. Schalten Sie alle Benachrichtigungen auf Ihrem Smartphone und Ihrem Computer aus. Es sollte nie piepsen, surren, vibrieren oder aufleuchten. Machen Sie Ihr Handy (und Ihren Computer) zu einer störungsfreien Zone.

Selbst etwas scheinbar so Simples wie Lesen verlangt nach absoluter Aufmerksamkeit. Der amerikanische Schriftsteller Philip Roth sagte in einem Interview: »Die Konzentration, die Fokussierung, die Einsamkeit, die Stille, all die Dinge, die für eine ernsthafte Lektüre erforderlich sind, sind für die Menschen nicht mehr erreichbar.« Beweisen Sie ihm das Gegenteil! Roths britischer Kollege Ian McEwan macht es so: »Ich nehme das Lesen ernst. Ich gehe nicht ans Telefon, wenn ich lese. Ich erinnere mich, wenn man als Kind ein Buch las, gingen die Leute davon aus, dass man nichts tut, und sprachen einen an. Wenn jemand Tennis spielt, geht man auch nicht auf den Platz und verwickelt ihn oder sie in ein Gespräch. Lesen ist mindestens genauso wichtig wie Tennis spielen.«

Drittens: Volle Aufmerksamkeit, volle Konzentration, voller Fokus, auch wenn Sie der Außenwelt geistesabwesend erscheinen. »Charlie hat eine enorme Konzentrationsfähigkeit«, sagte ein Freund über den US-Investor Charlie Munger. »Wenn er sich konzentriert, verschwindet alles andere.« Die Biografin Alice Schroder: »Munger war dafür bekannt, dass er in Taxis einstieg, während sich die Leute mit ihm unterhielten, als ob er sie nicht hören würde; und dass er durch Türen verschwand, sobald er das Gespräch beendet hatte, ohne auf eine Antwort zu warten.«

Der ehemalige US-Präsident Teddy Roosevelt war bekannt für seine »Roosevelt-Sprints«: Zeiträume von wenigen Minuten bis zu einer Stunde absoluter Aufmerksamkeit, in denen er sich so stark konzentrierte, dass er unansprechbar war. Dann gönnte er sich eine kurze

Pause, bevor er den nächsten Konzentrations-Sprint hinlegte. Der Physiker Peter Higgs, Entdecker des Higgs-Bosons, war so sehr in seiner Arbeit vertieft, dass die Medien ihn nicht finden konnten, nachdem ihm der Nobelpreis zugesprochen wurde. Bill Gates arbeitete in seinen jungen Jahren »so intensiv und so lange, dass er oft mitten im Schreiben einer Codezeile auf der Tastatur einschlief. Er schlief dann ein oder zwei Stunden, wachte auf und machte genau dort weiter, wo er aufgehört hatte.« Das Management der eigenen Aufmerksamkeit ist eine der Kernfähigkeiten für ein gutes Leben.

48

UMGEBEN SIE SICH MIT PSYCHOS

Pflanzen gibt es in allen Farben und Formen: prächtige, unscheinbare, wohl- und übelriechende, süße und giftige, stachlige, pflegeleichte und Unkraut. Menschen sind so vielfältig wie Pflanzen. Was für ein Angebot! Laden Sie sie alle in Ihr Leben ein! Tun Sie es zu Ihrem eigenen Nutzen: Sicher wird der kunterbunte Haufen – von Psychopathen, Mauerblümchen, Manipulierern, Narzissten, Lügnern und Schnorrern bis hin zu den verrückten »Crazies« – Ihr Leben interessanter machen. Oder tun Sie es einfach aus der Güte Ihres Herzens: weil Sie allen möglichen Menschen helfen möchten, auch den heikelsten Exemplaren. So oder so, je mehr Verrückte Sie in Ihr Leben lassen, desto verrückter – und unerträglicher – wird Ihr eigenes Leben werden.

Die leise Stimme der Vernunft

Stellen Sie sich vor, Sie wären Matrose auf einem Militär-U-Boot. Zusammen mit achtzig anderen Matrosen sind Sie drei Monate lang unter Wasser. Platz ist Mangelware. Die Betten müssen geteilt werden, da man in Schichten arbeitet. Wenn man sich im Gang begegnet, müssen sich beide seitwärts drehen, um aneinander vorbeizukommen. Keine Fenster, keine Einzeldusche, keine private Ecke, kein Handyempfang, kein Wi-Fi, keine private Kommunikation nach außen – und natürlich keine Möglichkeit, das Schiff zu verlassen. Dazu das Dröhnen der Motoren, das Bellen der Befehle, der Schweißgeruch. Aussuchen konnten Sie sich Ihre Kameraden nicht. Sie sind verdammt, mit ihnen irgendwie klarzukommen.

Wie viel bequemer sich doch unser Leben anfühlt! Nicht nur, weil wir frische Luft haben, Handy-Empfang und ein eigenes, sauberes Bett. Vor allem, weil wir aussuchen können, mit wem wir wann und wo wie viel Zeit verbringen. Und doch tendieren wir dazu, von dieser Freiheit zu wenig Gebrauch zu machen. Wir regen uns auf, dass wir mit Menschen zu tun haben, die uns auf den Keks gehen, uns im Weg stehen oder uns gar Übles wollen. Das ist nicht nötig.

»Machen Sie um viele Dinge einen großen Bogen«, sagte der US-Investor Charlie Munger. »Gauner, Verrückte, Egomanen, Menschen voller Ressentiments, Menschen voller Selbstmitleid, Menschen, die sich als Opfer fühlen – es gibt eine ganze Reihe von Dingen, die nicht gut für Sie sind. Finden Sie heraus, welche das sind, und meiden Sie sie wie die Pest.«

Von folgenden Menschentypen sollten Sie sich tunlichst fernhalten. Erstens: Psychos. Das sind Menschen, die besessen von dem Gedanken sind, die Welt hätte sich gegen sie verschworen, und die einem deshalb jede Handlung falsch auslegen. Der Philosoph Paul Watzlawick nennt als Beispiel jene Mutter, die ihrem Sohn zwei

Hemden schenkt. Als er eines der beiden anzieht, fragt sie ihn traurig: »Das andere gefällt dir nicht?«

Zweitens, eng verwandt mit den Psychos: manipulative Menschen. Sie verdrehen Tatsachen auf Kosten anderer und generieren Schuldgefühle. Solche Menschen sagen zum Beispiel: »Wenn Ihnen unser Erfolg wirklich am Herzen läge, würden Sie nicht zögern, dies zu tun.« Oder: »Nach allem, was ich für dich getan habe, zahlst du es mir so zurück?«

Drittens: Narzissten. »Du kannst dich glücklich schätzen«, sagt ein Narzisst, »mit jemandem wie mir zusammen zu sein!« Oder: »Warum bist du nicht *mehr* wie ich?«

Viertens: Unberechenbare und Sprunghafte. Jemand dieser Art wird Sie am Morgen loben: »Ihre Präsentation gestern, wunderbar! Gönnen Sie sich ein gutes Essen auf meine Rechnung!«, und am Mittag alles zurücknehmen: »Ich bin immer viel zu großzügig mit Ihnen.«

Fünftens: chronische Nörgler. Ihre ständige Negativität ist zermürbend. Sechstens: Dramatiker, die es lieben, Streit vom Zaun zu brechen oder in Dramen verwickelt zu werden. Siebtens: pathologische Konkurrenten: Menschen, die alles in einen Wettbewerb verwandeln und in allem der/die Beste sein müssen. Achtens: ewige Opfer. Neuntens: Unterminierer. Das sind Menschen, die Ihre Vorhaben sabotieren, indem sie die Sinnlosigkeit von allem und jedem behaupten. Beispiel: »Vergiss es mit deinem Buchprojekt. Niemand liest heute noch Romane.« Zehntens: Leute mit schlechtem Ruf. Sie werden Sie in fantastische Unternehmungen und hochfliegende Pläne verwickeln, die dann garantiert abstürzen. Elftens: Menschen ohne Reservoir an gutem Willen (mit sogenannter »zero-based affection«), bei denen Sie immer wieder von vorne anfangen müssen. Des Weiteren: Scheinheilige, Lügner, Betrüger, Kriminelle und Drogenabhängige.

Zum Glück sind Sie nicht in einem U-Boot gefangen und schon gar nicht in einer Irrenanstalt. Sie sind frei, zu entscheiden, mit wem Sie arbeiten und Ihr Leben verbringen möchten. So wie es jede Menge anstrengende Leute gibt, gibt es jede Menge wunderbare. Finden Sie gute Wegbegleiter, privat ebenso wie in der Arbeit. Sie erkennen sie daran, dass sie in mancherlei Hinsicht besser sind als Sie: schlauer, geschickter, ehrlicher, bescheidener, dynamischer. Solche Menschen ziehen Sie hoch. Alle anderen ziehen Sie runter.

49

STÜRZEN SIE SICH IN DEN WETTBEWERB

Wo herrscht die größte Konkurrenz? Genau da müssen Sie hin, wenn Sie sich und Ihre Karriere möglichst schnell ins Elend reiten wollen. Je umkämpfter ein bestimmter Markt ist, desto schlechter Ihre Erfolgsaussichten. Gründen Sie die hundertste Private Equity Firma. Eröffnen Sie die tausendste Bar, den zehntausendsten Friseursalon in Berlin. Halten Sie sich immer da auf, wo der Wind des Wettbewerbs am stärksten pfeift – dann haben Sie ein arbeitsreiches, freudloses Leben mit jämmerlichem Gehalt sicher. Jedes Jahr ziehen 20 000 Schauspieler nach Los Angeles, um ihr Glück in Hollywood zu suchen. Etwa zwanzig schaffen es. Schließen Sie sich diesen Hoffnungsfrohen an – Sie können zwar offensichtlich nicht rechnen, aber sicher ganz, ganz toll schauspielen. Oder setzen Sie alles daran, ein internationaler Tennisprofi zu werden. Haben Sie nicht all Ihre Schulkameraden geschlagen? Voilà! Das wird doch reichen, um auf Federer-Niveau zu kommen. Oder höher. Und studieren Sie, was gerade in ist – BWL, Creative Writing, Social Media Marketing. Das macht nicht nur das Studium anstrengend, sondern Sie landen noch dazu in einem hochkompetitiven Arbeitsmarkt.

Als Unternehmer, wie gesagt, müssen Sie am Puls der Zeit sein – Fintech, Blockchain, künstliche Intelligenz. Nur dort finden Sie garantiert von Anfang an ein schwieriges Mitarbeiter- und Marktumfeld vor. Nur dort ist die Konkurrenz groß genug, um Ihnen unten die Preise kaputt zu machen und oben besser zu sein als Sie.

Genau dasselbe gilt für Einzelkämpfer. Heutzutage gibt es Tausende von semiprofessionellen TikTokern. Die meisten bleiben Möchtegerns, und die Tages- oder Stundensätze sind schon jetzt im Keller. Dito für Fotografen, Youtuber und Journalisten. Werden Sie einer von Millionen Lifestyle-Coaches oder Roman-Schriftstellern. Ganz besonders empfehle ich Ihnen, ein Restaurant zu eröffnen. Die Konkurrenz ist monumental, die Marge messerdünn und die Bankrott-Quote so hoch wie nirgends. Kurzum: Für ein schlechtes Leben machen Sie, was alle machen. Das kann doch bestimmt nicht falsch sein, oder? Kämpfen Sie sich auf überfüllten Feldern ab – im Beruf, bei den Hobbys, bei der Partnerwahl.

Die leise Stimme der Vernunft

»Social Proof« – Deutsch unscharf »Herdenverhalten« – bezeichnet die Tendenz, das Verhalten der anderen zu kopieren. Wir tendieren dazu, nach Dingen zu streben, nach denen viele andere Menschen streben.

Der US-amerikanische Investor Peter Thiel sagte einmal: Wenn viele Leute versuchen, das Gleiche zu tun, ist das oft ein Beweis für Wahnsinn. Hinzu kommt der Macho-Effekt des Konkurrierens um des Kampfes willen – was einen sportlichen Anstrich hat, aber komplett idiotisch ist. Intelligente Menschen hingegen vermeiden Konkurrenz. Warren Buffett, wie Thiel höchst erfolgreich als Investor, ist überzeugt: »Das Geheimnis des erfolgreichen Lebens ist schwache Konkurrenz.« Das bestätigt die Nobelpreisträgerin Jennifer Doudna, die Entdeckerin der Gen-Schere: »Ich habe immer nach Möglichkeiten gesucht, wo ich eine Nische ausfüllen kann, in der es nicht allzu viele andere Leute mit den gleichen Fähigkeiten gibt.« Gehen Sie der Konkurrenz aus dem Weg! Peter Thiel spricht das ziemlich scharf aus: »Konkurrenz ist für Verlierer.«

Sie sind erfolglos? Das liegt nicht notwendigerweise an Ihren mangelnden Fähigkeiten oder Ihrem mangelnden Drive. Viel wahrscheinlicher liegt der Grund darin, dass Sie sich in einem von Konkurrenz überfluteten Markt befinden. Statt sich darin abzustrampeln, schwimmen Sie besser in ruhigere, kleinere Gewässer. Investieren Sie Ihre Energie darin, eine Nische zu finden, in der Sie der/die Beste sein werden. Wie man das macht, lesen Sie bei strategischen Denkern wie Peter Drucker oder Roger Martin nach.

Trauern Sie nicht den großen Spielfeldern nach. Der Wettbewerbskampf ist ironischerweise oft dort besonders heftig, wo es um Wertloses geht. »Der Grund, warum die Konkurrenz an den Universitäten so bösartig ist, liegt darin, dass die Einsätze so gering sind«, sagte der ehemalige amerikanische Außenminister und Harvard-Professor Henry Kissinger. Jorge Luis Borges, der argentinische Schriftsteller, hatte dafür diese sehr hübsche Metapher: zwei Kahle, die um einen Kamm streiten.

50

SAGEN SIE ZU ALLEM JA

Ob es darum geht, jemanden mitten in der Nacht zum Flughafen zu fahren, am Schulfest die Kuchentheke zu betreuen oder an Ihrem Geburtstag bei einem Umzug zu helfen – seien Sie stets zur Stelle. Springen Sie ein, um die Lücken zu füllen, die durch schlechte Planung anderer Leute entstanden sind. Seien Sie die Anlaufstelle für Freunde und Kollegen, die jemanden zum Reden brauchen, unabhängig davon, wie beschäftigt oder gestresst Sie selbst gerade sind. Man wird Ihren selbstlosen Einsatz schätzen – bald so sehr, dass man sich sogar das Danke spart, weil einfach klar ist, dass man auf Sie zählen kann. Verschenken Sie Ihre Zeit mit vollen Händen, als seien Sie ein Zeit-Milliardär. Wenn Sie jemand fragt: »Könntest du mir eventuell …«, sagen Sie: »Aber klar, für dich doch immer!«

Die leise Stimme der Vernunft

Anderen Menschen Zeit zu schenken, für Freunde und Nachbarn da zu sein, selbst Unbekannten zu helfen – das sind alles ehrenhafte Dinge. Sie tun uns auch selbst gut und sind sinnstiftend – bis zu einem bestimmten Grad. Konkret: bis zu jenem Punkt, an dem Sie feststellen, dass Sie sich selbst verloren haben. Sich mehr zuzumuten, als man bewältigen kann, ist ein todsicheres Rezept für Stress. Es ist schlecht für die eigene Leistung – und damit letztlich sogar für die anderen.

Ich bin immer wieder erstaunt, dass Menschen der Zeit, besonders wenn sie in der Zukunft liegt, keinen Gegenwert beimessen. Sie gehen mit ihr um, als wäre sie kostenlos und in beliebigen Mengen vorhanden, wie Luft. In Wahrheit hat jedes Stück Zeit einen Wert. Dieser Wert entspricht den Opportunitätskosten, also der Differenz zu dem, was man mit diesem Stück Zeit an dem betreffenden Tag im optimalen Fall anfangen könnte. Dieser Wert muss sich nicht notwendigerweise in Geld bemessen. Auch neue Bekanntschaften, tiefere Erkenntnisse, ein Ausflug mit der Familie oder einfach eine halbe Stunde Wolken-Studium in Rückenlage können wertvoll sein. Was Ihnen etwas wert ist, entscheiden Sie selbst. Bevor Sie ein Stück Zeit weggeben, fragen Sie sich, was Sie damit alternativ am besten tun können.

Besonders schwierig ist diese Überlegung, wenn der ins Auge gefasste Zeit-Slot sehr weit in der Zukunft liegt. Wie oft habe ich Einladungen für Abendessen, Vorträge und Sitzungen angenommen, die sechs Monate oder sogar ein Jahr in der Zukunft lagen – nur um es dann zu bereuen, als der Termin näher und näher rückte.

Ihr Kalender von heute in einem Jahr sieht ziemlich leer aus. Aber Sie wissen natürlich, dass auch der heutige Tag vor einem Jahr noch eine unbeschriebene Kalenderseite war. Gehen Sie davon aus, dass die 52. Woche, ab jetzt gerechnet, genauso voll sein wird wie die, in der Sie gerade stecken. Tipp: Wenn eine Anfrage kommt, schauen Sie nicht in den Kalender, sondern gehen Sie davon aus, der Termin wäre schon morgen. Hätten Sie morgen Zeit? Wären Sie bereit, den Termin morgen reinzuschieben? Wenn nicht, sagen Sie »Nein«.

Warren Buffett meinte: »Der Unterschied zwischen erfolgreichen Menschen und wirklich erfolgreichen Menschen ist, dass wirklich erfolgreiche Menschen zu fast allem Nein sagen.« Seine folgerichtige Anweisung an seine Leute: »Bitte, lehnen Sie alle Vorschläge ab, in denen ich gebeten werde, eine Rede zu halten, Beiträge zu leisten usw. Manchmal werden diese Bitten von einem ›Fragen kann nicht schaden‹ begleitet. Es wird für uns beide einfacher sein, wenn Sie einfach ›Nein‹ sagen.«

Noch ein Tipp: Praktizieren Sie das »Fünf-Sekunden-Nein«. Schenken Sie jeder Anfrage maximal fünf Sekunden, und antworten Sie nach Ablauf dieser Mini-Bedenkfrist standardmäßig mit »Nein«, es sei denn, die Anfrage ist offensichtlich wichtig oder total außergewöhnlich. Sagen Sie nicht: »Ich werde darüber nachdenken.« Sagen Sie niemals »vielleicht«, wenn Sie »Nein« sagen möchten. Werfen Sie aber auch nicht einfach ein blankes »Nein« hin. Seien Sie klar, professionell, ja, sogar nett, und liefern Sie eine Begründung. Es reicht, wenn diese vage umrissen ist, zum Beispiel: »Ich fühle mich geehrt, dass Sie mich gefragt haben, aber die wenige freie Zeit gehört meiner Familie« – was jeder versteht.

Warum sind wir so freizügig mit unserer Zeit? Hauptgrund: Wir sind eine kooperative Säugetierart. Allein sind wir nichts, zusammen schaffen wir alles. Der Impuls zur Kooperation ist uns angeboren. Kooperation funktioniert über »tit-for-tat« – »wie du mir, so ich dir«. Deshalb neigen wir dazu, uns voreilig Goodwill zu kaufen, indem wir anderen etwas vorschießen.

»Es ist nicht so, dass wir ein kurzes Leben haben, sondern dass wir viel davon verschwenden«, schrieb der römische Philosoph Seneca vor 2000 Jahren. Deshalb: Setzen Sie Grenzen. Springen Sie nicht über jedes Stöckchen, das Ihnen jemand hinhält. Und platzieren Sie das Wort »Nein« ganz zuoberst in Ihrem aktiven Wortschatz.

51

MÜLLEN SIE IHR LEBEN VOLL

Schauen Sie sich Markus' Wohnung an – ein echter Technik-Tempel. Das brandneue iPhone liegt neben einem topaktuellen Samsung Galaxy Fold, beide vollgepackt mit Apps, die Markus' Alltag optimieren und seine Produktivität in ungeahnte Höhen pushen sollen. Im Zentrum seines Wohnzimmers thront ein riesiger 4K-Ultra-HD-Fernseher, flankiert von den neuesten Spielkonsolen – einer PlayStation 5 und einer Xbox Series X. Ein Google Nest Hub dirigiert alles von Licht bis Temperatur. Auch die Küche ist Hightech: Ein smarter Kühlschrank checkt die Haltbarkeit und erstellt Einkaufslisten, während der KI-betriebene Induktionsherd das Kochen zum Kinderspiel macht. Theoretisch. Eigentlich müssten die smarten Assistenten Markus so ziemlich alles abnehmen, worauf er keine Lust hat. Stattdessen verbringt er Abende und Wochenenden mit dem Lösen der akutesten Technik-Probleme. Die Geräte sind zwar jedes für sich genial, aber ihr Zusammenspiel folgt etwa denselben Regeln wie das einer Kindergartenklasse auf dem Abenteuerspielplatz. Es ist das totale Chaos. Jeder zweite Befehl, den Markus in zunehmend genervtem Ton in Richtung Nest Hub bellt, wird falsch auf-

geschnappt, was zu haarsträubenden Pannen führt. Mitten im Sommer wird die Heizung voll aufgedreht. Die intelligente Kaffeemaschine besteht darauf, einen Ristretto statt seines üblichen Lungo zu brühen. Und ständig vibriert sein Telefon mit Benachrichtigungen von verschiedenen Geräten, die Software-Updates fordern oder auf mögliche Probleme hinweisen. Die Strategie »Happiness durch Gadgets« ist ein perfektes Rezept fürs Unglücklichsein.

Die leise Stimme der Vernunft

Nennen wir es die »Gadget-Fallacy« – die Illusion, Technologie würde das Leben radikal vereinfachen. Wir feiern rund vierzig Jahre Gadgets. Die meisten kamen und starben – PalmPilot, RealPlayer, Segway, GoogleGlass, Blackberry. Hat diese Tech-Welle unser Leben einfacher gemacht? Nicht wirklich, eher im Gegenteil. Produktiver? Marginal. Mein Tipp: Beschränken Sie sich auf so wenige Gadgets wie möglich, am besten alle mit demselben Betriebssystem. Es müssen auch nicht die neuesten sein. Als Late-Adopter können Sie genüsslich zusehen, wie Early-Adopter mit den Kinderkrankheiten ihrer Gizmos kämpfen. Halten Sie die Anzahl der Apps auf Ihrem Smartphone gering, und stecken Sie sie in Ordner, die Sie erst öffnen, wenn Sie sie wirklich brauchen.

Die »Gadget-Fallacy« lässt sich auf beliebige käufliche Errungenschaften übertragen – vom Ferienhaus über den Camper, Schuhe und Kleider sowie Klimbim im Haus bis zur Sport- und Freizeitausrüstung. Jeder Kauf verspricht Ihnen, Ihr Leben angenehmer, leichter, länger, schöner oder glücklicher zu machen. In Wahrheit tut er das vielleicht für ein paar Stunden oder Tage – danach schleppen Sie das Ding nur noch mit sich rum wie ein Häftling seine bleierne Kugel.

Unsere Nachbarn haben ein Ferienhaus in Zermatt gekauft. Die Idee war, die Schulferien in den Bergen zu verbringen – Skifahren im Winter, Wandern im Sommer – und das Haus während der restlichen Zeit zu vermieten, um die Zinsen für die Hypothek zu decken. Klingt gut, entpuppt sich aber als Stress pur. Jedes Wochenende fährt die Mutter drei Stunden von Bern nach Zermatt, um von den letzten Mietern den Schlüssel entgegenzunehmen. Dann muss das Haus gereinigt werden, um es den neuen Mietern übergeben zu können. Es folgt die dreistündige Rückfahrt nach Bern (ohne Stau gerechnet). Natürlich könnte man alles einer Verwaltung übergeben, aber die kostet so viel, dass sich das Vermieten nicht mehr lohnt. Zu dem Hin und Her kommt jede Menge Papierkram: Immobilienkredit, Mietverträge, Strom, Wasser, Heizung, Steuern. Aufgaben ohne Ende – statt einer unbeschwerten Fahrt in die freie Bergluft gleicht jede Reise in Richtung Matterhorn einem Sisyphus-Aufstieg.

Die Forschung ist eindeutig: Mehr Besitz führt nicht zu mehr Glück. Egal, wie viel Sie besitzen, es gibt immer jemanden, der mehr hat, und Sie stecken in einer Neid-Spirale ohne Ende. Zudem verfliegt die anfängliche Begeisterung für das neueste heiße Ding wie der Zucker-Rush nach einer Packung Schokokekse. Was bleibt, ist ein unermüdliches Streben nach mehr – willkommen in der »hedonistischen Tretmühle«. Es ist nachweislich besser, Erlebnisse zu kaufen statt Dinge. Gönnen Sie sich ein paar Tage Urlaub statt des neuen iPhones. Er wird sie nachhaltig glücklich machen.

In 2011 veröffentlichte die junge Japanerin Marie Kondo das Buch »Magic Cleaning.« Es wurde zu einer Weltsensation. Die Kernbotschaft: Räumen Sie Ihre Schränke aus, werfen Sie alles auf einen Haufen, und entsorgen alles, was Sie nicht glücklich macht - Kleider, Gadgets, Spielzeuge, Geschenke, die man nur noch aus Anstand lagert. Ich habe die Übung durchgezogen. Es blieb nicht viel übrig. Das meiste wanderte zur Heilsarmee. Fazit: Die Qualität Ihres Lebens hängt von der Qualität Ihrer Gedanken, nicht von der Anzahl der Gadgets ab.

52

STÜRZEN SIE SICH IN DIE INHALTSFALLE

Was, wo, wie, wann und warum? Saugen Sie Informationen auf wie ein Schwamm das Wasser! Seien Sie an allem »interessiert«. Tauchen Sie ein in den endlosen Strom von Artikeln, Podcasts, Blogs und Videos, den das Internet in Ihr Leben fließen lässt. Mit jedem Klick wissen Sie ein bisschen mehr, verschaffen sich einen Informationsvorsprung. Weil das Glücksgefühl nur Sekunden anhält, greifen Sie einfach zum nächsten Infohäppchen und lassen Stunden um Stunden verstreichen. Zum Glück ist der Vorrat an »Content« nie leer! Sicher, eines Tages werden Sie feststellen, dass Sie trotz Ihres umfangreichen »Wissens« nichts wirklich geleistet haben. Aber klicken Sie weiter, denn was wäre das Leben ohne das warme, hohle Gefühl, pseudoproduktiv gewesen zu sein?

Die leise Stimme der Vernunft

Content ist die neue Massendroge. Wir haben Zugang zu unendlich vielen Inhalten – Büchern, Videos, Blogs, Posts, Tweets, Podcasts. YouTube-Nutzer laden jede

Minute 500 Stunden Aufnahmen hoch. Täglich werden über 500 Millionen Tweets verschickt, und Instagram-Nutzer posten täglich mehr als 95 Millionen Fotos und Videos. 90 Prozent davon sind Schrott. 9 Prozent sind mittelmäßig. Und ein Prozent ist verdammt gut. Aber selbst dieses eine Prozent entspricht einer so ungeheuren Menge, dass wir sie in tausend Lebensjahren nicht konsumieren könnten.

Willkommen in der »Inhaltsfalle«, in der Sie sich trügerisch produktiv fühlen – Sie erweitern doch Ihren Horizont! – während man passiv Berge von schlauen Inhalten konsumiert. Von den mittelmäßigen und schlechten ganz abgesehen, die man oft erst im Nachhinein als solche erkennt. Uns nach Lust und Laune auf gute Inhalte zu stürzen ist eine schlechte Idee. Um in einer solchen Flut aus Content nicht zu ertrinken, brauchen wir dringend eine Strategie. Hier fünf Vorschläge.

Erstens: Definieren Sie Ihren persönlichen Kompetenzkreis. Das ist der Kreis der Fähigkeiten, in denen Sie Meisterschaft erreichen möchten. Inhalte, die in diesen Kreis fallen, sind für Sie relevant. Was außerhalb dieses Kreises fällt, ist irrelevant. Wählen Sie klug. Konsumieren Sie gezielt. Surfen Sie nicht einfach auf dem unendlichen Content-Ozean herum. Eines der gefährlichsten Wörter in diesem Zusammenhang ist »interessant«. Klar, alles ist interessant! Sie können sich durchaus einen Nachmittag lang durch die Instagram-Posts neurotischer Teenager scrollen und dabei eine Menge über menschliche Psychologie lernen. Aber das Wort »interessant« öffnet Tür und Tor zur Content-Falle. Streichen Sie es aus Ihrem Vokabular und Hirn. Konsumieren Sie stattdessen »relevanten« Content. Erlauben Sie sich nur zwei Ausnahmen: Gönnen Sie sich maximal vier Stunden pro Woche für exzellente Inhalte, die außerhalb Ihres Kompetenzkreises liegen, um auf neue Ideen zu kommen. Und machen Sie – in kleinen Dosen – eine zweite Ausnahme: reine Unterhaltung. Gönnen Sie sich den »Tatort», auch wenn Sie das in Ihrem Job nicht weiterbringt.

Zweitens: Konsumieren Sie nicht mehr, als Sie produzieren. Mit »produzieren« sind nicht notwendigerweise Inhalte gemeint. Das kann irgendeine Form von wertvoller Arbeit sein. Seien Sie strikt mit dieser Regel: Sie lässt sich in Stunden messen.

Drittens: Bevor Sie sich auf das nächste Video oder Buch stürzen, reservieren Sie sich zwei Minuten, und setzen Sie sich ein klares Ziel. Welche Antworten erhoffen Sie sich davon? Inwiefern soll es Sie weiterbringen? Gehen Sie mit einer Hypothese an jedes Stück Inhalt heran, so wie Wissenschaftler sich stets mit einer Hypothese an ihre Forschungsarbeit machen.

Viertens: Lehnen Sie sich nicht einfach zurück, um sich von den Inhalten berieseln zu lassen. Beschäftigen Sie sich aktiv damit. Machen Sie Notizen, erstellen Sie Zusammenfassungen. Nur so bleibt das Gelesene, Gehörte, Gesehene im Kopf. Ein Freund erstellt zu allem eine Mindmap, also eine grafische Darstellung der Inhalte. Dieser Freund, ein Milliardär, behauptet, dass dieses Mindmapping ein Pfeiler seines Erfolgs sei. Ich glaube ihm. Zwar mache ich selbst keine Mindmaps (vielleicht bin ich deshalb nicht Milliardär), aber ich schreibe die Kernpunkte in ein Word-Dokument. Die wichtigsten Erkenntnisse lege ich in einer To-do-Liste ab, die ich monatlich durchgehe. Wahrscheinlich spielt es keine große Rolle, *wie* Sie sich mit Inhalten beschäftigen. Hauptsache, Sie tun es gründlich.

Fünftens: Lesen Sie gute Bücher doppelt. Schauen Sie hervorragende Videos zweimal. Gleich nacheinander. Grund: Beim einmaligen Konsumieren behält man ein Prozent des Inhalts. Beim zweimaligen Konsumieren fünf Prozent. Fünfmal mehr! Der ultimative Lern-Booster ist es übrigens, den konsumierten Inhalt in eigenen Worten nachzuerzählen. Dabei spielt es keine Rolle, wem Sie davon berichten – Ihrem Lebenspartner, Ihrer Arbeitskollegin oder Ihrem Hund. Es wird nämlich nicht in erster Linie Ihr Hund sein, der davon profitiert. Sondern Sie.

SCHLUSSWORT UND DANK

Die Methode der Inversion

An der Decke der Sixtinischen Kapelle berühren sich die Finger von Adam und Gott. Auf den ersten Blick ist nicht klar, wer hier wen erschafft. Die weitverbreitete Annahme ist, dass Gott der Schöpfer ist. Doch wer sich mit der Geschichte der Antike auskennt, weiß: Es ist der Mensch, der Gott erschaffen hat. So beschreibt der britische Denker Matt Ridley die Umkehrung der Perspektive, die Methode der Inversion. Vieles wird klarer, wenn man es um 180 Grad dreht.

In den vergangenen Kapiteln habe ich versucht zu zeigen, wie man aus einem guten Leben ein garantiert schlechtes machen kann – jetzt hoffe ich, Sie tun genau das Gegenteil. Die Inversion lehrt uns, nicht in erster Linie nach Vorbildern und Best Practices zu suchen, sondern vor allem nach Anti-Vorbildern und gängigen Dummheiten. Tipp: Lernen Sie aus den Fehlern anderer, und studieren Sie Flops – sowohl die der anderen als auch die eigenen. Besuchen Sie die Grabstätten der misslungenen Leben, Beziehungen, Projekte und Unternehmen. Nehmen Sie, liebe Leserin, lieber Leser, den Faden dieser Kapitel auf, und erstellen Sie Ihre persönliche, erweiterte Not-To-Do-Liste. Fragen Sie sich immer wieder: Warum ist jemand gescheitert? Diese Frage ist genauso wichtig wie die Suche nach Erfolgsrezepten, vielleicht sogar wichtiger.

Die Methode der Inversion hat mir im Leben sehr viel Nutzen gebracht. Anstatt herauszufinden, was mich gesund macht, konzentriere ich mich darauf, ungesunde Gewohnheiten zu vermeiden. Anstatt zu überlegen, wie ich produktiver sein kann, identifiziere und eliminiere ich Ablenkungen. Anstatt nach Wegen zu suchen, reich zu werden, vermeide ich absehbare Verluste. Anstatt zu analysieren, was Beziehungen gelingen lässt, achte ich darauf, woran sie zerbrechen. Anstatt endlos Gedanken zu wälzen, um zur perfekten Entscheidung zu gelangen, vermeide ich jene Entscheidungsfallen, in die schon so viele vor mir getappt sind. Und anstatt dem Glück hinterherzujagen, beseitige ich die Dinge, die mir den Weg zum Glück verbauen.

Die Methode der Inversion lässt sich beliebig ausdehnen. Wann immer etwas Schlimmes passiert ist, fragen Sie nicht nur nach den Gründen. Fragen Sie sich auch, warum es »nur« so schlimm und nicht noch schlimmer gekommen ist. Beispiel 1: Jemand hat zwei Scheidungen hinter sich. Warum nicht sieben oder acht? Beispiel 2: Inflation. Warum sind die 2020er längst nicht so schlimm wie die 1920er? Offenbar machen Politik und Zentralbanken nicht alles falsch. Was machen sie richtig? Suchen Sie Antworten auf diese Fragen, und Sie werden viel darüber lernen, was eine gute Beziehung, gute Wirtschafts- oder Weltpolitik ausmacht.

Eine weitere Spielart der Inversion ist die Rollenumkehr. Beispiel Jobinterview. Fragen Sie den Kandidaten: »Angenommen Sie wären an meiner Stelle: Auf welche Aspekte würden Sie besonders achten?« Oder wie Warren Buffett es macht, wenn er Firmen danach abklopft, ob sie gute Investitionen darstellen: »Wenn unsere Rollen vertauscht wären, welche Fragen würden Sie mir stellen, wenn ich Ihr Unternehmen leiten würde?« Oder noch einmal umgedreht: »Welche Informationen würden Sie mir geben, um mich vom Kauf Ihrer Firma abzuhalten?«

Zurück zum miserablen Leben. Es gibt externe Quellen des Elends, für die niemand etwas kann: Schicksalsschläge – Krankheiten, Krieg, Katastrophen. Ihre Zahl ist unendlich, sie zu kontrollieren, ist unmöglich. Die andere Hälfte des Lebensunglücks resultiert aber aus internen Faktoren, aus Dingen, die Sie beeinflussen können. Vermeidbares Elend. Von diesen vermeidbaren Fehlern gibt es nur eine beschränkte Anzahl. Ja, es steckt wenig Originalität in den selbst verschuldeten Dramen.

Im Kern dieses Buches ist die Frage versteckt: Gibt es Regeln, die man blind einhalten könnte, um ein gutes Leben zu erzeugen? In den mittelalterlichen Klostergemeinschaften finden sich solche Regeln. Die Benediktsregel (Regula Benedicti) ist die bekannteste. Doch auch hinter den Klostermauern lief vieles schief: Streit unter den Mönchen, finanzielle Probleme, spirituelle Trockenheit bis hin zum Zerfall der Klöster. Man kann getrost davon ausgehen, dass es selbst in den einfachen Klosterwelten keine Checkliste gab, die zu 100 Prozent funktionierte. Geschweige denn in der heutigen Zeit mit so vielen Optionen, so vielen möglichen Lebenspfaden, so vielen sich ständig ändernden Präferenzen. Meinem zehnjährigen Sohn Numa war das intuitiv klar. Er meinte: »Man kann das Leben nicht durchrechnen, weil man dann 100 Prozent der Lebenszeit aufs Rechnen verwenden würde und somit nicht mehr leben würde.« Der Mathematiker Stephen Wolfram nannte das »computational irreducibility«. Kurzum, es gibt keine übergreifende Theorie der Lebensgestaltung. Kann es nicht geben. Was allerdings hilft, ist die Inversion: Dinge zu vermeiden, die ein gutes Leben garantiert zunichtemachen. Und die wichtigsten kennen wir nun.

Noch etwas anderes ist mir beim Studium der Lebensfehler aufgefallen. Menschen stürzen nicht von einem Tag auf den anderen ins (selbst verschuldete) Unglück. Sondern es beginnt mit einer winzigen dummen Handlung, dann einer zweiten, einer dritten. Die kleinen Idiotien schaukeln sich auf, bis es einen plötzlich wie eine Lawine ins Verderben reißt. Deshalb ist frühzeitige Korrektur so wichtig. Aber vielleicht noch wichtiger: Lebenskunst ist eines der wenigen Gebiete, die keine Innovation brauchen. Die meisten Innovationen – offene Beziehungen, digitaler Nomadismus, Aufbegehren gegen die vorherrschenden Normen – funktionieren nicht. Wenn Sie der Typ zum Experimentieren sind, tun Sie es im Physiklabor.

Mit 52 Kapiteln ist das Universum der idiotischen Verhaltensmuster natürlich nicht durchschritten. Es fehlen ganze Bereiche – persönliche Finanzen, Gesundheit, Karriere oder ganz einfach idiotische Hobbys wie Basejumping. Die Reise endet hier also nicht.

Dieses Buch ist erst durch die Bearbeitung von fünf hervorragenden Lektoren lesenswert geworden, denen ich großen Dank schulde. Die erste Lektorin ist immer meine Frau – die Schriftstellerin Clara Maria Bagus. Sie hat aus meinem Rohmaterial etwas Verständliches geformt. Doch ihr wichtigster Beitrag für Sie, liebe Leserin, lieber Leser, war es, die schlechtesten Kapitel rigoros zu streichen – und das waren nicht wenige. Die überlebenden Texte wanderten zu meinem Freund Niko Stoifberg, ebenfalls Schriftsteller, der sie mit Meisterschaft poliert hat. Danach passierten sie die kritischen Hände der beiden Zeitungsredaktionen – Sonja Kastilan, Leiterin der Wissensredaktion der WELT *am Sonntag*, und Thomas Isler, Redakteur bei der NZZ *am Sonntag*. Schließlich landeten sie auf dem Tisch von Martin Janik, dem grandiosen Buchlektor des Piper-Verlags; er hat meine sämtlichen Sachbücher redigiert.

Ich danke Eric Gujer, Chefredakteur der *Neuen Züricher Zeitung*, und Ulf Poschardt, Chefredakteur von *Die Welt*, dass sie für viele dieser Texte den Platz in ihren Zeitungen zur Verfügung gestellt haben. Ich danke meiner Verlegerin Felicitas von Lovenberg für das Vertrauen in dieses Buchprojekt. Und ich danke zuletzt und am allermeisten Ihnen, liebe Leserin, lieber Leser, dass Sie mich auf dieser Reise begleitet haben.

DER DOBELLI-DISCLAIMER

Die Ansichten in diesem Buch stellen die klarste und wahrheitsgetreueste Perspektive dar, die ich zum aktuellen Zeitpunkt erreichen konnte. Ich behalte mir das Recht vor, meine Positionen jederzeit zu überdenken und anzupassen. Es ist sogar möglich, dass ich mir das Vergnügen gönne, meinen eigenen Aussagen zu widersprechen. Sollte ich meine Thesen revidieren, geschieht dies ausschließlich in dem Bestreben, der Wahrheit näher zu kommen, niemals, um daraus persönlichen Nutzen zu ziehen.

DER ILLUSTRATOR

El Bocho – Illustration und Konzept

El Bocho lebt in Berlin. Nach seinem Grafikstudium illustriert er für die Musikbranche und die FAZ-Sonntagszeitung. Im urbanen Raum ist er ebenso vertreten wie in Galerien. Bei Ausstellungen und Fernsehauftritten in Japan, Russland und Brasilien nimmt er die Rolle als »beobachtender Beobachter« ein. Er kommuniziert seit Jahren mit seinen bis zu fünf Meter großen Illustrationen, welche er im öffentlichen Raum installiert, und ist damit zum festen Bestandteil der urbanen Kunstszene geworden.

El Bocho ist Romantiker und weist mit seinen Arbeiten auf die Vergänglichkeit des Strebens hin.

www.elbocho.net

STIMMEN ZU ROLF DOBELLI

Zu den früheren Büchern von Rolf Dobelli

»Rolf Dobellis Bücher habe ich nicht nur gelesen, sondern jedes Wort auf der Zunge zergehen lassen.«
Frank Elstner, Fernsehshowmaster

»Rolf Dobelli ist einer der geistreichsten Denker Europas.«
Matt Ridley, Bestsellerautor

»Rolf Dobelli führt Ideen aus unterschiedlichsten Wissensbereichen virtuos zusammen. Er verbindet Wissenschaft und Kunst mit Geist, Anmut und Präzision.«
Joshua Greene, Professor für Psychologie, Harvard University

»Rolf Dobelli hat wieder zugeschlagen! Er öffnet uns nicht nur die Augen, er weckt uns auf. Er verbindet einen scharfen wissenschaftlichen Verstand mit einer beeindruckenden philosophischen Herangehensweise

und gibt sich niemals zufrieden mit dem Oberflächlichen. Also: Schnappen Sie sich Rolf Dobellis Buch, und geben Sie es nicht mehr her!«
Tenley E. Albright, Director, MIT Collaborative Initiatives, und Professor emeritus, Harvard Medical School

»In seinen ersten Büchern zeigte Rolf Dobelli uns, wie man richtig denkt. Nun gibt er uns unschätzbare Ratschläge, wie man gut lebt.«
James R. Flynn, Professor emeritus, University of Otago, und Entdecker des »Flynn-Effekts«

»Rolf Dobelli besitzt die faszinierende Gabe, moderne wissenschaftliche Ergebnisse anregend und spannend darzustellen.«
Bruno S. Frey, Professor für Ökonomie, Universität Basel, und Begründer der ökonomischen Happiness-Forschung

»Rolf Dobelli besitzt die Fähigkeit, die besten Ideen der Welt zu identifizieren und sie so zu arrangieren, dass das Ganze noch werthaltiger ist als die einzelnen Teile. Er hat es für ›Die Kunst des klaren Denkens‹ getan. Und nun schafft er es für ›Die Kunst des guten Lebens‹«
Jonathan Haidt, Professor, New York University, und Autor des New York Times-Bestsellers The Righteous Mind

»Es ist brillant, wie Rolf Dobelli wissenschaftliche Forschungsergebnisse in praktische Schritte verwandelt, um Menschen erfolgreicher zu machen.«
Robert B. Cialdini, Autor der Weltbestseller Influence und Pre-Suasion

»Drei Seiten gelesen, und schon hat man wieder etwas gelernt.«
Franz Himpsel, Süddeutsche Zeitung

»Diese Bücher werden Ihr Denken verändern.«
Prof. Dan Goldstein, London Business School

»Rolf Dobelli liefert Denkanstöße und schreibt Klartext – geistreich, amüsant, brillant.«
Dr. Christoph Franz, ehem. CEO der Deutschen Lufthansa AG, Chairman von Roche

»Muss man dieses Buch lesen? Unbedingt. Denn es ist äußerst unterhaltsam und führt grundseriös in das Wesen des menschlichen Denkens ein.«
Prof. Dr. h. c. Roland Berger, Gründer und Honorary Chairman von Roland Berger Strategy Consultants

»Ein Feuerwerk an Erkenntnis! Wer nicht ständig über Denkfallen stolpern will, muss dieses Buch lesen.«
Prof. Iris Bohnet, Harvard

ANHANG

Ich habe mich hier auf die wichtigsten Zitate, technischen Referenzen, Leseempfehlungen und Kommentare beschränkt. Ich sehe mich hauptsächlich als Übersetzer der hier aufgeführten wissenschaftlichen Studien in die Alltagssprache. Ziel ist es, philosophische Ideen und wissenschaftliche Erkenntnisse für das tägliche Leben anwendbar zu machen. Zu den Zitaten: Wo nichts anderes erwähnt ist, handelt es sich um die jeweilige Kindle E-Book-Ausgabe, die im Jahr 2024 aktuell war.

Vorwort

Die Abschlussrede von Charlie Munger: Charles T. Munger: Poor Charlie's Almanack, The Donning Company Publishers, Kindle edition, S. 69. Im Internet: https://jamesclear.com/great-speeches/how-to-guarantee-a-life-of-misery-by-charlie-munger

Die Abschlussrede von Charlie Munger: Charles T. Munger: Poor Charlie's Almanack, The Donning Company Publishers, Kindle edition, S. 72

Lassen Sie alles verkümmern

Die Morandi-Brücke in Genua wurde auch Polcevera-Viadukt genannt.

David Brooks: The Quiet Magic of Middle Managers, The New York Times, 11. April 2024 (https://www.nytimes.com/2024/04/11/opinion/middle-managers-business-society.html)

Belohnt man Diplomaten für Kriege, die nicht stattfinden? Liest irgendjemand ihre Memoiren? Nein, mit Ausnahme von Henry Kissinger.

Die Demokratie ist die einzige Staatsform, die nicht auf das perfekte Setup angewiesen ist. Sie braucht auch keine heroische Rettung, wenn der Chef ausfällt oder eine Dummheit anstellt. In einer Demokratie ist es nicht so wichtig, den Großen Mann oder die Große Frau auszuwählen, aber wichtig, ihn bzw. sie zügig und unblutig loswerden zu können. Außerdem führt der Druck der Wiederwahl dazu, dass Entscheidungen laufend dem Wählerwillen angepasst werden – eine Art von politischer Unterhaltsarbeit.

Füttern Sie Ihren inneren Schweinehund

Eine »internationale Zauder-Bewegung« gibt es tatsächlich: Siehe https://www.idler.co.uk/about/

Seien Sie unzuverlässig

»In a vow that students the world over may hope he renounces, Charlie delivered ›the one and only graduation speech I will ever make‹ in 1986 at the Harvard School in Los Angeles. This occasion was the graduation of Philip Munger, the last of five Munger family sons to matriculate at this prep school (originally an all-boys institution and now the coeducational school called Harvard-Westlake)« In: Charles T. Munger: Poor Charlie's Almanack, The Donning Company Publishers, Kindle edition S. 150.// Charlie Munger: »Erstens: Seien Sie unzuverlässig. Tun Sie nicht, was Sie sich vorgenommen haben zu tun. Wenn Sie nur diese eine Gewohnheit beherrschen, werden Sie die Wirkung aller Ihrer Tugenden, wie groß sie auch sein mögen, mehr als ausgleichen. Wenn Sie misstrauisch behandelt und von der besten Gesellschaft ausgeschlossen werden möchten, ist dieses Rezept für Sie.« ebenda S. 154–155.

Warren Buffett: »... Die ganze Geschichte ist wirklich faszinierend, denn wenn man John Meriwether, Eric Rosenfeld, Larry Hillenbrand, Greg Hawkins, Victor Haghani, die beiden Nobelpreisträger Merton Scholes nimmt ... Wenn man die 16 von ihnen nimmt, haben sie wahrscheinlich einen so hohen Durchschnitts-IQ wie alle 16 Leute, die zusammen in einem Unternehmen des Landes arbeiten, einschließlich Microsoft oder wo auch immer man sie hernehmen möchte. Also eine unglaubliche Menge an Intellekt in diesem Raum. Dazu kommt die Tatsache, dass diese 16 Personen über umfangreiche Erfahrungen in dem Bereich verfügten, in dem sie tätig waren. Es handelte sich nicht um einen Haufen von Leuten, die ihr Geld mit dem Verkauf von Herrenbekleidung verdient hatten und dann plötzlich ins Wertpapiergeschäft eingestiegen waren. Diese 16 hatten insgesamt wahrscheinlich 350 oder 400 Jahre Erfahrung in genau dem, was sie taten. Und als dritter Faktor kommt hinzu, dass die meisten von ihnen praktisch ihr gesamtes beträchtliches Nettovermögen in das Geschäft gesteckt hatten. Sie hatten also ihr eigenes Geld drin. Hunderte und Aberhunderte von Millionen Dollar an eigenem Geld, ein sehr hoher Intellekt, sie arbeiteten in einem Bereich, den sie kannten, und im Grunde gingen sie pleite. Für mich ist das absolut faszinierend.« In: Warren Buffett (https://novelinvestor.com/buffetts-lessons-long-term-capital-management/)

Seien Sie ein Arschloch

Zur Abbildung mit dem Begräbnis: Charlie Munger: »Think about the type of funeral you want. There is a story about a person who died. The minister said it is now time to say something nice about the deceased. Nobody came forward. After long time a person came up and said, ›His brother was worse.‹ That is not the kind of funeral you want«. In: Charles T. Munger: Poor Charlie's Almanack, The Donning Company Publishers, Kindle edition, S. 290. Im Internet: https://davidsnotes.substack.com/p/charlie-mungers-commencement-address

Zur Mayo-Klinik: »Such a simple idea, literally counting the number of times a person says I or we in a hiring interview. But how extraordinarily important ... And Mayo's leaders have discovered that, for one thing, using more we than I in an interview is a pretty darn good indicator of a future proclivity for focusing on teammates rather than oneself.« In Tom Peters: The Excellence Dividend: Principles for Prospering in Turbulent Times from a Lifetime in Pursuit of Excellence, Nicholas Brealey Publishing, Kindle edition, S. 45.

Arschlöcher schaffen es selten bis ganz nach oben. Es gibt eine gläserne Decke (glass ceiling) für Arschlöcher, nennen wir sie die »asshole ceiling«.

Hegen Sie hohe Erwartungen

Wenn wir etwas zum ersten Mal tun: Richard Thaler: »Psychologen sagen uns, dass für das Lernen aus Erfahrung zwei Dinge notwendig sind: häufiges Üben und sofortiges Feedback. Wenn diese Bedingungen gegeben sind, etwa wenn wir lernen, Fahrrad zu fahren oder ein Auto zu lenken, lernen wir – möglicherweise mit einigen Missgeschicken auf dem Weg. Aber viele der Probleme im Leben bieten diese Möglichkeiten nicht.« In: Richard H. Thaler: Misbehaving: The Making of Behavioral Economics, W. W. Norton & Company, Kindle edition, S. 50.

Leben Sie in den Tag hinein

Weshalb fällt uns die realistische Tagesplanung so schwer? Antwort: Die komplexen Tasks und langfristigen Ziele sind neu in der Geschichte der Menschheit. Unser Gehirn ist darauf evolutionär nicht vorbereitet. Für das Überleben unserer Vorfahren war es wichtiger, sich auf unmittelbare Probleme und Belohnungen zu konzentrieren (z. B. Nahrung oder Unterkunft zu finden) als langfristig zu planen.

Prähistorische Fundstätte: Ist natürlich ironisch gemeint. Die Schrift war noch nicht erfunden.

Die Schriftstellerin Julia Alvarez: »You have to develop the habit of writing. If I had to wake up every morning and decide if I felt like writing, nine times out of ten, I wouldn't feel like it. You are not going to choose to write every day.« Ariel Gore: How To Become a Famous Writer Before You Are Dead, p. 38

»A man approached J. P. Morgan, held up an envelope, and said, ›Sir, in my hand I hold a guaranteed formula for success, which I will gladly sell you for $25,000.‹ ›Sir,‹ J. P. Morgan replied, ›I do not know what is in the envelope; however, if you show me, and I like it, I give you my word as a gentleman that I will pay you what you ask.‹ The man agreed to the terms and handed over the envelope. J. P. Morgan opened it and extracted a single sheet of paper. He gave it one look, a mere glance, then handed the piece of paper back to the gent. And paid him the agreed-upon $25,000. On the paper ... Every morning, write a list of the things that need to be done that day. Do them.« In Tom Peters: The Excellence Dividend: Principles for Prospering in Turbulent Times from a Lifetime in Pursuit of Excellence, Nicholas Brealey Publishing, Kindle edition, S. 56.

Die Amerikanerin Laura Vanderkam untersuchte erfolgreiche Menschen und fand heraus, dass diese am frühen Morgen die meiste Kontrolle über ihren eigenen Zeitplan hatten: »Bevor der Rest der Welt frühstückt, haben die erfolgreichsten Menschen bereits Siege erzielt, die sie auf dem Weg zu dem Leben, das sie sich wünschen, voranbringen.« (quoted in: Farnham Street Blog: https://fs.blog/what-the-most-successful-people-do-before-breakfast/)

Predigen Sie Wasser, und trinken Sie Wein

Upton Sinclair: »It is difficult to get a man to understand something, when his salary depends on his not understanding it.« Zum Zitat siehe: https://quoteinvestigator.com/2017/11/30/salary/

Halten Sie an Ihren schlechten Gewohnheiten fest

John Wooden: »Ability may get you to the top, it takes character to keep you there.« In Tom Peters: The Excellence Dividend: Principles for Prospering in Turbulent Times from a Lifetime in Pursuit of Excellence, Nicholas Brealey Publishing, Kindle edition, S. 161

Setzen Sie sich idiotische Ziele

Angesichts der logischen Unbegründbarkeit – wäre es nicht besser, sich gar keine Lebensziele zu setzen? Nein, weil wir dann affektbasiert entscheiden würden. Ein Affekt ist ein momentanes Mini-Gefühl – »mag ich« oder »mag ich nicht«. Ohne Lebensziel würden wir im Augenblick genau jene Dinge tun, die wir mögen, und jene vermeiden, die wir nicht mögen. Nichts würde uns von Tieren unterscheiden. Wir wären zurückgeworfen auf das einfache Lebensziel, nicht zu sterben.

Trinken Sie sich ins Elend

Zur Contenance, die man verliert: »...alcohol will take the brakes off the mouth, allowing us to career downhill into the realm of the social pariah.« In Randy Paterson: How to Be Miserable, 40 Strategies You Already Know, New Harbinger Publications, 2016, S. 40

Statistik Schweiz: https://www.bag.admin.ch/bag/de/home/zahlen-und-statistiken/zahlen-fakten-zu-sucht/zahlen-fakten-zu-alkohol.html#:~:text=Geschätzte%20250%20000%20bis%20300,Frauen%20holen%20aber%20tendenziell%20auf.

Statistik Deutschland: In Deutschland sind 1.6 Millionen Menschen alkoholabhängig: www.dhs.de (Deutsche Hauptstelle für Suchtfragen)

Neben der Selbstmedikation gibt es eine zweite Hauptursache für Alkoholismus: der Gruppendruck. Wenn Ihre Freunde viel trinken, kann Sie das in den Alkoholismus treiben. Social proof nennt man das in der Psychologie: Je mehr Menschen ein bestimmtes Verhalten an den Tag legen, desto »richtiger« erscheint dieses Verhalten – was natürlich absurd ist.

Um das eigene Leben eine Weile lang auszublenden, wenn es einem zu viel wird, gibt es klügere Methoden. Meine Frau denkt sich beispielsweise Sinne und Körperteile weg, stellt sich vor, sie sei blind, gehörlos, ihr fehle ein Arm oder ein Bein, und dann denkt sie sich alles wieder hin. Das eigene Leben mit der schlechteren Variante zu vergleichen ist heilsam.

Zum Mythos, Rotwein wirke gesundheitsfördernd: https://www.health.harvard.edu/blog/is-red-wine-good-actually-for-your-heart-2018021913285

Lernen Sie ausschließlich aus Ihrer eigenen Erfahrung

Charles T. Munger: Poor Charlie's Almanack, The Donning Company Publishers, Kindle edition, S. 69. Im Internet: https://jamesclear.com/great-speeches/how-to-guarantee-a-life-of-misery-by-charlie-munger

Zum ständigen Lesen: Charlie Munger: »In my whole life, I have known no wise people (over a broad subject matter area) who didn't read all the time – none, zero.« Charles T. Munger, Poor Charlie's Almanack: The Wit and Wisdom of Charles T. Munger (quoted from: https://finance.yahoo.com/news/memorable-quotes-from-berkshire-hathaways-charlie-munger-225308303.html)

Verbringen Sie Ihre Freizeit in den sozialen Medien

Zitat von Walter Isaacson: »There is a truism about internet comment boards: any discussion descends to shouting ›Nazi!‹ within seven responses. In the case of the gene-editing threads, it was more like by the third response. ›Are we still in 1930s Germany?‹ one person tweeted. Another added, ›How did this read in the original German?‹ Within a day, the folks at the National Academy of Sciences had sounded retreat.« In Walter Isaacson: The Code Breaker: Jennifer Doudna, Gene Editing, and the Future of the Human Race, Simon & Schuster, Kindle edition, S. 356.

Die perfekte Neid-Maschine: Neid ist eine der toxischsten Emotionen, die Sie am besten sofort aus Ihrem Repertoire streichen.

Bekannte Menschen, die aus den Sozialen Medien ausgestiegen sind: https://www.boredpanda.com/celebrities-who-quit-social-media/?utm_source=google&utm_medium=organic&utm_campaign=organic#

Flippen Sie aus im Straßenverkehr

Age and gender differences in risky driving: The roles of positive affect and risk perception, in: Accident Analysis & Prevention 43(3):923–31

Den Tipp (und die Schaumstoffnase) habe ich von meinem Freund Eckart von Hirschhausen.

Umgeben Sie sich mit Miesepetern

Das Modell mit den um den Atomkern kreisenden Elektronen (das sogenannte Bohrsche Atommodell) stimmt nicht. Die Elektronen kann man nicht genau lokalisieren. Heute spricht man von einer unscharfen Elektronenwolke nach den Wellengleichungen von Schrödinger.

»A negative mind will never give you a positive life.« Sprichwort.

Fachbegriff »Loss Aversion«: https://en.wikipedia.org/wiki/Loss_aversion

Die folgenden wissenschaftlichen Studien sind zur emotionalen Ansteckung und zur Korrelation zwischen Happiness (well-being) und körperlicher Gesundheit: Hatfield, E., Cacioppo, J. T., & Rapson, R. L. (1994). Emotional contagion.

Rasmussen, H. N., Scheier, M. F., & Greenhouse, J. B. (2009). Optimism and physical health: A meta-analytic review. »Annals of Behavioral Medicine,« 37(3), 239–256.

Boehm, J. K., & Kubzansky, L. D. (2012). The heart's content: The association between positive psychological well-being and cardiovascular health. »Psychological Bulletin,« 138(4), 655.

Isen, A. M., Daubman, K. A., & Nowicki, G. P. (1987). Positive affect facilitates creative problem-solving. »Journal of Personality and Social Psychology,« 52(6), 1122.

Fredrickson, B. L. (2001). The role of positive emotions in positive psychology. »American Psychologist,« 56(3), 218

Carol S. Dweck: Mindset, The new Psychology of Success, Random House, 2006.

Diener, E., & Chan, M. Y. (2011). Happy people live longer: Subjective well-being contributes to health and longevity. »Applied Psychology: Health and Well-Being,« 3(1), 1–43.

Ein interessanter Punkt: Der brillante Forscher Nicholas Christakis und sein Kollege James Fowler haben gezeigt, dass die Negativität nicht nur auf die unmittelbaren Freunde abfärbt, sondern sich auch in sozialen Netzen ausbreitet, sich auf Freunde von Freunden auswirkt. (Fowler, J. H., Christakis, N. A., Steptoe, & Diez Roux. (2009). Dynamic Spread of Happiness in a Large Social Network: Longitudinal Analysis of the Framingham Heart Study Social Network. BMJ: British Medical Journal, 338(7685), 23–27. http://www.jstor.org/stable/20511686)

Suchen Sie Streit mit Ihren Nachbarn

Zur »Kollektiven Wirksamkeit«: Sampson, Robert J., Stephen W. Raudenbush, and Felton Earls. »Neighborhoods and Violent Crime: A Multilevel Study of Collective Efficacy.« Science 277, no. 5328 (1997): 918–24. http://www.jstor.org/stable/2892902

Dröhnen Sie sich mit Drogen zu

Charles T. Munger: Poor Charlie's Almanack, The Donning Company Publishers, Kindle edition, S. 69. Zitat leicht angepasst von »sechs Jahrzehnten« zu »Jahrzehnten«, da sonst für den Leser der Eindruck entstünde, er sei 60. Munger ist im Jahr 2023 im Alter von 99 Jahren gestorben.

Statistik Drogentote in den USA: https://nida.nih.gov/research-topics/trends-statistics/overdose-death-rates

Absurderweise weigerte sich China in dieser Zeit kategorisch, die überlegene westliche Technologie (Dampfschiffe, Kanonen) zu übernehmen, während sich Japan gegenteilig entschied. Henry Kissinger: »In Japan mag diese Schlussfolgerung dadurch begünstigt worden sein, dass ausländische Ideen nicht mit dem Problem der Opiumsucht in Verbindung gebracht wurden, dem Japan weitgehend ausweichen konnte.«//Japan, like China, encountered Western ships wielding unfamiliar technology and overwhelming force in the mid-nineteenth century – in Japan's case, the 1853 landing of the American Commodore Matthew Perry's »black ships.« But Japan drew from the challenge the opposite conclusion as China: it threw open its doors to foreign technology and overhauled its institutions in an attempt to replicate the Western powers' rise. (In Japan, this conclusion may have been assisted by the fact that foreign ideas were not seen as connected to the question of opium addiction, which Japan largely managed to avoid.) In 1868, the Meiji Emperor, in his charter oath, announced Japan's resolve: »Knowledge shall be sought from all over the world, and thereby the foundations of the imperial rule shall be strengthened. Japan's Meiji Restoration and drive to master Western technology opened the door to stunning economic progress.« In Henry Kissinger: On China, Penguin Group, 2011, S. 79.

Ian McEwan: https://www.npr.org/2016/04/17/474569125/your-brain-on-lsd-looks-a-lot-like-a-babys, ausgedrückt in einem Interview mit Ian McEwan «if you want to know what it's like to take SD, have breakfast with the four-year old.« (https://www.youtube.com/watch?v=1mTgH3KWdR8&t=2530s, time code 33:29)

Manövrieren Sie sich in eine Einbahnstraße

Charlie Munger: »I constantly see people rise in life who are not the smartest, sometimes not even the most diligent, but they are learning machines. They go to bed every night a little wiser than they were when they got up and boy does that help, particularly when you have a long run ahead of you …« Charlie Munger USC Law Commencement Speech, May 2007 (https://www.youtube.com/watch?v=u81I7rM2yl8 TC 1:50)

Lernen ist wichtiger als Intelligenz: Slightly adapted from »learning trumps intellect.« In Roger L. Martin: »The Opposable Mind: How Successful Leaders Win Through Integrative Thinking«, Harvard Business School Press, Kindle edition, S. 99

»…you are hooked for lifetime learning. And without lifetime learning, you people are not going to do very well. You are not going to get very far in life based on what you already know. You're going to advance in life by what you learn after you leave here.« Charlie Munger USC Law Commencement Speech, May 2007 (https://www.youtube.com/watch?v=u81I7rM2yl8, Time Code 1:00)

Bitte keine Leichtigkeit

Das Gemälde »American Gothic«: https://www.artic.edu/artworks/6565/american-gothic

Zur Forschung im Bereich »Playfulness«: Proyer, R. T. (2017). A new structural model for the study of adult playfulness: Assessment and exploration of an understudied individual differences variable. Personality and Individual Differences, 108, 113–122.

Guitard, P., Ferland, F., & Dutil, É. (2005). Toward a better understanding of playfulness in adults. Occupational Therapy Journal of Research, 25(1), 9–22.

Barnett, L. A. (2007). The nature of playfulness in young adults. Personality and Individual Differences, 43(4), 949–958.

Magnuson, C. D., & Barnett, L. A. (2013). The Playful Advantage: How Playfulness Enhances Coping with Stress. Leisure Sciences, 35(2), 129–144.

Yu, C., Levesque-Bristol, C., & Maeda, Y. (2018). Generalizability and applicability of the revised playfulness scale in a college student sample. The Journal of Genetic Psychology, 179(4), 187–197.

Zur »Dopamin-Liste«: Den Begriff habe ich von meinem Freund Thomas Ebeling übernommen.

Baden Sie in Schuldgefühlen

Zum Begriff »closure«: Ian McEwan »One of the most terrible and deceptive words in the English language is ›closure‹.... In movies and novels you get closure sometimes, but in life it rarely happens, if at all.« In: Live! at the Library with Ian McEwan: The Journey of Life in »Lessons«: https://www.youtube.com/watch?v=rdJkifRdP44, Time Code 11:42

Richard Feynman über John von Neumanns Idee der sozialen Verantwortungslosigkeit: »[John] von Neumann gave me an interesting idea: that you don't have to be responsible for the world that you're in. So I have developed a very powerful sense of social irresponsibility as a result of von Neumann's advice. It's made me a very happy man ever since. But it was von Neumann who put the seed in that grew into my active irresponsibility!« Richard P. Feynman: Surely You're Joking, Mr. Feynman! W.W. Norton, Part 3: »Feynman, The Bomb, and the Military«, »Los Alamos from Below«, Kindle edition, S. 132.

Seien Sie undankbar

Zur Gegenwind/Rückenwind-Asymmetrie: Davidai S, Gilovich T. The headwinds/tailwinds asymmetry: An availability bias in assessments of barriers and blessings. J Pers Soc Psychol. 2016 Dec;111(6):835–851. doi: 10.1037/pspa0000066. PMID: 27869473.

Das Bild mit dem »Sessel im Himmel« von Louis CK (https://www.youtube.com/watch?v=oTcAWN5R5-I)

Vertrauen Sie Ihrem Banker

Charlie Munger: »Show me the incentive and I will show you the outcome.« In https://www.goodreads.com/quotes/11903426-show-me-the-incentive-and-i-ll-show-you-the-outcome

Zur »Incentive-Super-Response-Tendenz«: Ich habe sie in meinem Buch »Die Kunst des klaren Denkens« beschrieben.

Setzen Sie selbst keine idiotischen Anreizsysteme in die Welt. Das ist besonders relevant als Politiker. Beispiel ist die sogenannte »Welfare Trap«. In der guten Absicht, armen Menschen zu helfen und eine gewisse Gerechtigkeit walten zu lassen, gibt man ihnen Zuwendungen, die so hoch sind, dass es sich nicht mehr lohnt, zu arbeiten. Das macht die Situation für diese Menschen langfristig noch problematischer, weil sie dem Arbeitsleben viel zu lange wegbleiben und ihre Fähigkeiten atrophieren. (https://en.wikipedia.org/wiki/Welfare_trap#:~:text=The%20phenomenon%20of%20welfare%20traps,security%20and%20income%20taxation%20systems.)// Eines meiner Lieblingsbeispiele für idiotische Incentive-Systeme in der Geschäftswelt ist das Szenario des Vertriebssystems von Federal Express. Charlie Munger beschreibt es in »Poor

Charlie's Almanack« S. 200 f. Das Problem trat auf, als FedEx nachts mit dem Umladen von Paketen zwischen den Flugzeugen in seinem Hauptverteilzentrum zu kämpfen hatte. Trotz verschiedener Versuche des Managements, das Problem zu lösen, kam die Nachtschicht ihren Pflichten nicht nach. Diese Ineffizienz führte zu verspäteten Lieferungen. Und es enttäuschte die Kunden, die einen pünktlichen Service erwarteten. Die Ursache des Problems lag im Belohnungssystem für die Nachtschichtarbeiter, die zunächst nach Stunden bezahlt wurden. Der Durchbruch gelang, als das Management die Vergütung auf einen festen Betrag für die gesamte Schicht umstellte. Diese Anpassung gab den Mitarbeitern einen direkten Anreiz, die Sortieraufgaben zügig zu erledigen, sodass sie früher nach Hause gehen konnten. (Charles T. Munger: Poor Charlie's Almanack, The Donning Company Publishers, Kindle edition, S. 200)

Zum Halo-Effekt: https://de.wikipedia.org/wiki/Halo-Effekt

Oft merkt man nicht, ob man selbst in einem toxischen Anreizsystem feststeckt. Hier hilft die externe Perspektive. Fragen Sie einen Freund; er soll Ihre Situation beurteilen.

Seien Sie paranoid

Zum Ehevertrag: Charlie Munger: Es braucht keinen Heiratsvertrag, wenn das Vertrauen vorhanden ist: »If your proposed marriage contract has 47 pages, my suggestion is that you not enter.« In Charles T. Munger: Poor Charlie's Almanack, The Donning Company Publishers, Kindle edition, S. 304.

Zum »seamless web of deserved trust«: In vielen Fällen und nach einer gewissen Zeit der Erfahrung, ist es vernünftig und gut, dass Misstrauen in Vertrauen mutiert. Das ist besonders schön in Bezug auf Personen, mit denen man zusammenarbeitet. Die WORLD.MINDS Organisation (www.worldminds.org) habe ich mit meinem Mitarbeiter, dem Amerikaner (und mittlerweile Schweizer) Kipper Blakeley aufgebaut. Wir hatten nie einen Vertrag, haben es auch heute, nach zwanzig Jahren, nicht. Wir vertrauen uns blind. Es ist genau das, wovon Warren Buffett spricht: »ein nahtloses Netz verdienten Vertrauens«. Das ist pure Lebensqualität!

Nehmen Sie die anderen nicht ernst

Susan Scott: Fierce Conversations: Achieving Success at Work and in Life, One Conversation at a Time, Hachette Digital, Little Brown, 2002.

Leben Sie in der Vergangenheit

Charlie Munger: »I don't spend much time regretting the past, once I've taken my lesson from it. I don't dwell on it.« In Janet Lowe: Damn Right!: Behind the Scenes with Berkshire Hathaway Billionaire Charlie Munger, John Wiley & Sons, 2000, Kindle edition, S. 45.

Kommt hinzu, dass unsere Erinnerungen ziemlich ungenau sind. Unser Hirn bastelt sich eine Vergangenheit zusammen, die so nicht stattgefunden hat.

In F. Scott Fitzgeralds Roman häuft Gatsby enormen Reichtum an und richtet opulente Feste aus, nur um Daisys Herz erneut zu erobern, seine einstige Liebe. Sein extravaganter Lebensstil spiegelt die Sehnsucht nach vergangenen Zeiten. Gatsby verklärt die Vergangenheit derart, dass die Gegenwart nie genügen kann. Seine Fixierung auf vergangene Glanzzeiten zeigt ihn als Gefangenen der Vergangenheit, unfähig, sich der Gegenwart zu öffnen.

Wenn wir schon bei der Politik sind: Konservative werden oft als Nostalgiker bezeichnet. Das ist falsch. Nostalgie will zurück zu einer verklärten Vergangenheit. Konservatismus hingegen bedeutet im besten Fall: Wir vertrauen auf das Bewährte und müssen nicht jeden Trend mitmachen. Nostalgie verkörpert das Rückschrittsprinzip. Konservatismus das Vorsichtsprinzip.

Der Kollege, der mich aus meiner Swissair-Nostalgie geholt hat: Andreas Spycher

Hören Sie auf Ihre innere Stimme

Es gibt neuere Forschung, die von durchschnittlich 6200 Gedanken pro Tag spricht. Ich bezweifle diese Zahl. Sie würde bedeuten, dass man mindestens 10 Sekunden bei einem Gedanken hängen bleibt, bevor man ihn wechselt. Machen Sie den Selbstversuch. Wenn Sie kein Meditations-Guru sind, wird es Ihnen nicht gelingen. In: Anne Craig: Discovery of »thought worms« opens window to the mind. In: Queens Gazette, July 13, 2020. (https://www.queensu.ca/gazette/stories/discovery-thought-worms-opens-window-mind)

Glauben Sie an den rationalen Menschen

Zum Homo oeconomicus: »Auch wenn es in einem Lehrbuch der Wirtschaftswissenschaften nie ausdrücklich als Annahme genannt wird, geht die Wirtschaftstheorie davon aus, dass es keine Selbstkontrollprobleme gibt«//»Although it is never stated explicitly as an assumption in an economics textbook, in practice economic theory presumes that self-control problems do not exist.« In Richard H. Thaler: Misbehaving: The Making of Behavioral Economics, W. W. Norton & Company, Kindle edition, S. 86.

Beispiel: Sie kaufen eine Aktie, die gerade in aller Munde ist, nur um später festzustellen, dass Sie viel zu viel dafür bezahlt haben. Ihr Unterbewusstsein ist der Herde nachgaloppiert, aber Sie rationalisieren Ihren Kauf mit der Idee, dass die Aktie in zwei Jahren doppelt so viel wert sein könnte.

Werden Sie Nihilist

Für Camus macht die Tatsache, dass Menschen unaufhörlich nach einem Sinn suchen, ihn aber nirgendwo auf der Welt finden, das Leben »absurd«. Ja, selbst die größten historischen Ereignisse wie Revolutionen, Kriege, Erfindungen erscheinen im Großen und Ganzen gesehen sinnlos.//»To Camus, the fact that humans search ceaselessly for meaning but do not find it anywhere in the world renders life absurd; everything – from grand historical events to the great effort we all put into living our lives – seems pointless.« In Emily Esfahani Smith: The Power of Meaning: The true route to happiness, Penguin Random House UK, 2017, Kindle edition, S. 486.

In den nihilistischen Mindset zu kommen ist einfacher, als Sie denken. Jordan Peterson: »Jeder Idiot kann einen Zeitrahmen wählen, in dem nichts von Bedeutung ist.« Jordan Peterson: »Any idiot can choose a frame of time within which nothing matters.« (https://www.goodreads.com/quotes/9770611-there-will-always-be-people-better-than-you-that-s-a-clich)

Der Begriff der »großen Erzählungen« stammt vom französischen Philosophen Jean-François Lyotard, einem der Begründer der Postmoderne.

Hinzu kamen die Erkenntnisse aus den Naturwissenschaften, die auch keinen Sinn lokalisieren konnten – im Gegenteil. Es ist tatsächlich so, dass es keinen kosmischen Sinn gibt.

Heute geben vierzig Prozent der Amerikaner an, keinen Lebenssinn zu kennen: A meaning-crisis: »Four in ten Americans have not discovered a satisfying life purpose. And nearly a quarter of Americans – about one hundred million people – do not have a strong sense of what makes their lives meaningful.« Emily Esfahani Smith: The Power of Meaning: The true route to happiness, Penguin Random House UK, 2017, Kindle edition, S. 384.

Zur Anekdote von Kennedys Besuch bei der NASA: »The ability to find purpose in the day-to-day tasks of living and working goes a long way toward building meaning. It was the mindset, for instance, adopted by the janitor John F. Kennedy ran into at NASA in 1962. When the president asked him what he was doing, the janitor apparently responded saying that he was ›helping put a man on the moon‹.« (aus »The Power of Meaning: The true route to happiness (English Edition)« von Emily Esfahani Smith)//In die gleiche Richtung zielt das Sprichwort: »We who cut mere stones must always be envisioning cathedrals.« Andrew Hunt and David Thomas: The Pragmatic Programmer, From Journeyman to Master, Addison-Wesley, 1999, Vorwort S. 10.

Sehen Sie in allem eine Katastrophe

Zum Katastrophieren: Ein weiteres Beispiel: »Im Sessel sitzend, blicken Sie bitte durchs Fenster in den Himmel. Mit etwas Geschick werden Sie in Ihrem Blickfeld bald zahlreiche winzige, bläschenartige Kreise wahrnehmen, die bei Stillhalten der Augen langsam nach unten sinken, beim Zwinkern aber wieder hinaufschnellen. Bemerken Sie ferner, dass diese Kreise immer zahlreicher und größer zu werden scheinen, je mehr Sie sich auf sie konzentrieren. Erwägen Sie die Möglichkeit, dass es sich um eine gefährliche Erkrankung handelt, denn wenn die Kreise einmal Ihr ganzes Gesichtsfeld ausfüllen, werden Sie äußerst sehbehindert sein. Gehen Sie zum Augenarzt. Er wird Ihnen zu erklären versuchen, dass es sich um die ganz harmlosen Mouches volantes handelt.« In Paul Watzlawick: Anleitung zum Unglücklichsein, Piper, S. 41.

Zur Wahrscheinlichkeit, innerhalb von 24 Stunden an einem Verkehrsunfall zu sterben: Pro Jahr sterben in der Schweiz durchschnittlich 215 Personen bei Verkehrsunfällen. Bei schätzungsweise 4 Mio Verkehrsteilnehmern und 356 Tagen macht das 0,00002% https://www.bfu.ch/de/dossiers/risiken-im-strassenverkehr. Für Deutschland schätzungsweise 30 Mio. regelmäßige Verkehrsteilnehmer pro Tag, 2800 Verkehrstote (https://de.statista.com/statistik/daten/studie/185/umfrage/todesfaelle-im-strassenverkehr/#:~:text=Verkehrstote%20in%20Deutschland%20bis%202023&text=Im%20Jahr%202023%20waren%20in,Menschen%20im%20Stra%C3%9Fenverkehr%20t%C3%B6dlich%20verungl%C3%BCckt.) –> 2800/30.000.000/365 = 0,000025 Prozent, also etwa die gleiche Wahrscheinlichkeit wie in der Schweiz.

Die 10 Prozent Rendite pro Jahr beziehen sich auf den amerikanischen S&P 500 Index. Korrekterweise müsste man die Depotgebühren, Transaktionskosten, Dividendensteuern und Vermögenssteuern davon abziehen. Gilt für den amerikanischen S&P 500 Index, den weltweit beliebtesten Aktienindex. »The average annualized return since its inception in 1928 through Dec. 31, 2023, is 9.90%. The average annualized return since adopting 500 stocks into the index in 1957 through Dec. 31, 2023, is 10.26%« (https://www.investopedia.com/ask/answers/042415/what-average-annual-return-sp-500.asp)o

Betrachten Sie Geld als unwichtig

Sprichwort: »Don't go broke trying to impress broke people.«

Max Frisch: »Ich denke an Ingeborg und ihr Verhältnis zum Geld; eine Handvoll Banknoten, HONORAR, freut sie kindlich, dann fragt sie, was ich mir denn wünsche. Geld ist zum Verbrauchen da. Wie sie's ausgibt: nicht wie Lohn für ihre Arbeiten, sondern wie aus der Schatulle einer Herzogin, einer verarmten manchmal. Sie ist Verzichte gewohnt; Geld eine Glückssache. Ihr Geld, mein Geld, unser Geld? Man hat es oder hat es eben nicht, und wenn es nicht reicht, so ist sie verdutzt, als stimme etwas nicht in dieser Welt. Sie beklagt sich aber nicht. Sie merkt es nicht, wenn sie vom Rundfunk, der sie umwirbt, viel zu schlecht bezahlt wird, und sie unterzeichnet mit zerstreuter Miene einen Vertrag, der den Verleger wenig ehrt. Sie rechnet nicht damit, dass die andern rechnen. Sie kauft sich Schuhe wie für einen Tausendfüßler. Ich weiß nicht, wie sie das macht. Ich erinnere mich nicht, dass je eine Ausgabe sie reut, eine hohe Miete, eine Handtasche aus Paris, die am Strand kaputtgeht. Geld verlässt uns so oder so.« In Max Frisch: Montauk: Eine Erzählung, Suhrkamp, Kindle edition, S. 193.

Eine zusätzliche Überlegung zum Zins: »Warum sollten meine zukünftigen Ziele wichtiger sein als die, die ich jetzt habe?... Warum sollte ein Jugendlicher seine aufkeimenden Leidenschaften zugunsten des schäbigen Interesses an seinem eigenen verwelkten Alter unterdrücken? Warum ist dieser problematische alte Mann, der in fünfzig Jahren seinen Namen tragen könnte, ihm jetzt näher als jedes andere imaginäre Wesen? ... Sich um das Selbst zu sorgen, wie es in der Zukunft sein wird, ist nicht vernünftiger, als sich um das Selbst zu sorgen, das man jetzt ist. Noch weniger, wenn das zukünftige Selbst weniger wert ist, dass man sich um es sorgt.«//»Why should my future goals matter more than those I have now?... Why should a youth suppress his budding passions in favor of the sordid interest of his own withered old age? Why is that problematical old man who may bear his name fifty years hence nearer to him now than any other imaginary creature? ... Caring about yourself as it will be in the future is no more reasonable than caring about the self you are now. Less so, if your future self is less worth caring about.« In John Gray: Straw Dogs, Farrar Straus and Giroux, 2007, Paperback, S. 105.//Mein Einspruch zu John Gray: »compounded interest«, also der Zinseszins, das Kapital, das auf dem zusätzlichen Kapital produziert wird, macht heutigen Konsumverzicht nicht-linear und damit attraktiv.

Falls Ihnen das Sparen schwerfällt – vielleicht, weil Sie gerade nicht viel verdienen oder gar Ihren Job verloren haben –, erinnern Sie sich daran, wie Sie als junger Mensch gelebt haben. In Ihrer ersten Wohnung. Was Sie gekocht haben, wie Sie Ferien machten, wofür Sie Ihr Geld (nicht) ausgegeben haben. Unterscheiden Sie gnadenlos zwischen »wirklich nötig« und »nice to have.« Sie werden staunen, mit wie wenig Sie auskommen. Und, nebenbei bemerkt: wie positiv sich Verzicht nicht nur auf das Bankkonto, sondern auch auf Ihre Gemütsruhe auswirkt.

Und selbst, wenn dieser Rat für Sie zu spät kommt, weil Sie schon eine Familie haben: Seien Sie knallhart darauf bedacht, dass jeden Monat weniger abfließt, als hereinkommt – die alte Großmutter-Regel.

Kultivieren Sie Ihr Selbstmitleid

Ein Beispiel für Selbstmitleid in der zeitgenössischen Literatur: Im Roman Lektionen beschreibt der Schriftsteller Ian McEwan dies als »gepflegtes Gefühl des Versagens und des Selbstmitleids wegen allem, was das Leben dir gestohlen hat.« Ian McEwan: Lektionen, Diogenes, Kindle edition, S. 679.

Die Schuld anderen zu geben nennt man auch »blame shifting«.

General Hal Moore: http://www.youtube.com/watch?v=PJo6YZTbPXg Time Code 3:50 »I didn't promise you a rose garden.«

Charlie Munger über Pech im Leben: »It's … necessary to accommodate a lot of failure, and because no matter how able you are, you're going to have headwinds and troubles … If a person just keeps going on the theory that life is full of vicissitudes and just does the right thinking and follows the right values it should work out well in the end. So I would say, don't be discouraged by a few reverses.« In Peter Bevelin: All I Want To Know Is Where I'm Going To Die So I'll Never Go There, PCA Publications, 2016, S. 57.

Der schwarze US-amerikanische Ökonom Thomas Sowell kritisiert die Opfermentalität scharf: »Diejenigen, die eine Opferideologie propagieren, mögen sich einbilden, dass sie den Menschen am unteren Rand helfen, während sie ihnen in Wirklichkeit schaden.« // »Those who promote an ideology of victimhood may imagine that they are helping those at the bottom, when in fact they are harming them.« In: The Columbus Dispatch (https://eu.dispatch.com/story/opinion/cartoons/2013/12/03/thomas-sowell-commentary-victimhood-is/24035607007/)

Es gibt ganze Abteilungen von Universitäten, die versuchen, die Welt von der Opfermentalität zu überzeugen. Diese Geisteshaltung ist unter dem Label »Woke« bekannt. In der Politik als »Identity Politics«.

Die Geschichte mit den »Mitleids-Karten«: »You do not want to drift into self-pity. I had a friend who carried a thick stack of linen-based cards. When somebody would make a comment that reflected self-pity, he would slowly and portentously pull out his huge stack of cards, take the top one, and hand it to the person. The card said, ›Your story has touched my heart. Never have I heard of anyone with as many misfortunes as you.‹ Well, you can say that's waggery, but I suggest it can be mental hygiene. Every time you find you're drifting into self-pity, whatever the cause, even if your child is dying of cancer, self-pity is not going to help. Just give yourself one of my friend's cards. Self-pity is always counterproductive. It's the wrong way to think. And when you avoid it, you get a great advantage over everybody else, or almost everybody else, because self-pity is a standard response. And you can train yourself out of it.« In Charles T.

Munger: Poor Charlie's Almanack, The Donning Company Publishers, Kindle edition, S. 297)

Mungers eiserne Regel: »Whenever you think that some situation or some person is ruining your life, it's actually you who are ruining your life. It's such a simple idea. Feeling like a victim is a perfectly disastrous way to go through life. If you just take the attitude that however bad it is in any way, it's always your fault and you just fix it as best you can …« ebenda.

Werden Sie hörig

Siehe Briefwechsel. Ingeborg Bachmann, Max Frisch: Wir haben es nicht gut gemacht, Suhrkamp, 2022.

Get rich quick, get smart quick

Das größte Schneeballsystem der Geschichte, jenes von Bernie Madoff, wurde 2008 mit geschätzten Verlusten von rund 65 Milliarden Dollar aufgedeckt. Schneeballsysteme tauchen immer wieder in verschiedenen Formen auf, wobei verschiedene Anlageformen genutzt werden und oft neue Technologien wie Kryptowährungen zum Einsatz kommen, um ahnungslose Anleger zu ködern. Die Geschichte von Charles Ponzi und seinem System dient als warnendes Beispiel für die Gefahren von Investitionsangeboten, die zu gut erscheinen, um wahr zu sein. Es veranschaulicht die zeitlose Relevanz des Sprichworts: »Wenn es zu gut klingt, um wahr zu sein, ist es das wahrscheinlich auch.«

»You Only Have To Get Rich Once«: Buchtitel von Walter Knowlton Gutman, Dutton, 1961. https://www.nytimes.com/1986/04/30/obituaries/walter-gutman-dies-an-analyst-and-artist.html

Zu den Indexfonds: Siehe 10-Jahres-Wette von Warren Buffett gegen aktiv gemanagte Fonds: https://www.finanzen.net/nachricht/etf/hedgefonds-geschlagen-warren-buffett-gewinnt-10-jahres-wette-und-zeigt-worauf-es-beim-investieren-wirklich-ankommt-5685785. Im Detail von Warren Buffett beschrieben in: Warren Buffett: Letters to Shareholders 1965–2023, Kindle edition, S. 1878.

Die Endlosschleife der Gedanken

Eine andere schöne Grübel-Passage: » ›Adieu, lieber Werther! ‹ – lieber Werther! Es war das erstemal, daß sie mich Lieber hieß, und es ging mir durch Mark und Bein. Ich habe es mir hundertmal wiederholt, und gestern nacht, da ich zu Bette gehen wollte und mit mir selbst allerlei schwatzte, sagte ich so auf einmal: »gute Nacht, lieber Werther!« und mußte hernach selbst über mich lachen.« In Johann Wolfgang von Goethe: Die Leiden des jungen Werther, Hamburger Ausgabe, Band 6, Kindle edition, erstes Kapitel.

Ein anderer grandioser Grübel-Roman ist Marcel Prousts »Auf der Suche nach der verlorenen Zeit«. Der Erzähler – Marcel – ist häufig in detaillierte Erinnerungen an vergangene Ereignisse und Gespräche vertieft, die er analysiert und reanalysiert. Die vergangenen Ereignisse werden nicht nur in Erinnerung gerufen, sondern lebhaft wiedererlebt.

Wir grübeln hauptsächlich über Zwischenmenschliches. Sehr selten verstricken wir uns zum Beispiel im Gedanken, dass wir bei unserem letzten Ausflug nach Zermatt das Matterhorn etwas länger hätten anschauen sollen.

Tauschen Sie Ihren Ruf gegen Geld

Ein aktuelleres Beispiel: Der Silicon-Valley-Investor Andreas Bechtolsheim mit einem Vermögen von geschätzten 16 Milliarden Dollar, der es für nötig erachtete, für einen (für ihn absolut insignifikanten) Betrag von 400 000 Dollar Insiderhandel zu betreiben und seinen Ruf zu ruinieren. In: The New York Times, 23. April 2024 »In Silicon Valley, You Can Be Worth Billions and It's Not Enough« (https://www.nytimes.com/2024/04/23/technology/andreas-bechtolsheimin-insider-trading.html)

Warren Buffett: »It's insane to risk what you have and need for something you don't really need.« (https://www.thestreet.com/investing/warren-buffett-weighs-in-business-economy-14500016) Wenn auch im Kontext zu »Leverage« gesagt, passt es auch in den Kontext der Korruption.

Die seltenen Briefe, die Warren Buffett an die CEOs seiner Konzerngesellschaften schreibt, sind nicht zu vergleichen mit den jährlichen Briefen an die Aktionäre von Berkshire Hathaway. Die Briefe an die CEOs werden normalerweise nicht veröffentlicht.

Noch eine persönliche Anekdote: Jahre später, als ich begonnen hatte, Bücher zu schreiben, offerierte mir ein Unternehmer eine Million, um eine verzuckerte Biografie über ihn zu verfassen. Eine Million haben oder nicht haben! Ich rang mit mir, lehnte dann aber ab, weil Biografien außerhalb meines Kompetenzkreises liegen. Zum Glück, denn Jahre später wanderte der Unternehmer in den Knast. Mein Ruf wäre im Eimer gewesen.

Zum »Zeitungstest« von Warren Buffett: Warren Buffett, Letter to CEO, 26 July, 2010: »We must continue to measure every act against not only what is legal but also what we would be happy to have written about on the front page of a national newspaper ...« (https://www.petefowler.com/blog/2011/03/21/warren-buffetts-biennial-letter)

Zum Graubereich: Warren Buffett, Letter to CEO, 26 July, 2010: »There's plenty of money to be made in the center of the court. If it's questionable whether some action is close to the line, just assume it is outside and forget it.« (https://www.petefowler.com/blog/2011/03/21/warren-buffetts-biennial-letter)

Ein Zusatz zum vierten und letzten Punkt: Es geht nicht nur um Sie. Auch wenn Sie selbst nicht korrupt sind, machen Sie einen weiten Bogen um unseriöse Menschen. Der Umgang mit ihnen wird früher oder später auf Sie abfärben. Tun Sie sich stattdessen mit Menschen zusammen, die besser sind als Sie selbst. »Good company« ist der beste Garant für ein gutes Leben.

Gehen Sie jeder Schwierigkeit aus dem Weg

Keynote by NVIDIA CEO Jensen Huang at 2024 SIEPR Economic Summit at Stanford University (https://www.youtube.com/watch?v=cEg8cOx7UZk&t=142s) Time Code 36:00//»One of my advantages is that I have very low expectations. People with very high expectations have very low resilience. And unfortunately, resilience matters in success. I don't know how to teach it to you except for: I hope suffering happens to you!... Greatness is not intelligence. Greatness comes from character. And character is formed out of people who have suffered. If I could wish upon you. For all of you Stanford students, I wish to all of you ample doses of pain and suffering.«

Einige Menschen werden zwar mit dem sprichwörtlichen Silberlöffel im Mund geboren, müssen sich aber später im Leben schweren Prüfungen stellen. Ein Beispiel dafür ist Katharine Graham, die ehemalige Verlegerin der Washington Post. Ihr Mann betrog sie, litt unter bipolaren Störungen und nahm sich das Leben. Später stand sie vor Herausforderungen wie den Pentagon Papers, der Watergate-Affäre und einem Mitarbeiterstreik, der die Zeitung fast in den Ruin trieb. Dennoch meisterte Graham diese Krisen und ging gestärkt und glanzvoll aus ihnen hervor. Siehe: Katharine Graham: Personal History, Knopf, Reissued edition, 2002.

Wenn das Leiden zu stark ist, zu einschneidend, zu lange andauert, kommt kein »Boost« zustande, sondern es kann eine negative Weltsicht daraus entstehen, Risikoaversion und Depression. Viele Überlebende des Holocaust zum Beispiel haben unter posttraumatischen Belastungsstörungen, Depressionen und schweren Angststörungen gelitten. Das Trauma, das sie während des Holocausts erlebt haben, hatte oft lang anhaltende Auswirkungen auf ihre psychische Gesundheit.

Lassen Sie Ihren Gefühlen freien Lauf

Das Nachdenken über die negativen Folgen, die Wut hervorrufen kann (z.B. beschädigte Beziehungen, idiotische Investitionsentscheidungen, verpasste Chancen), kann einen davon abhalten, unter ihrem Einfluss zu handeln.

Das ist eine sogenannte Meta-Studie. Sophie L. Kjaervik und Brad J. Bushman: A meta-analytic review of anger management activities that increase or decrease arousal: What fuels or douses rage? Clinical Psychology Review, Volume 109, 2024,102414, ISSN 0272-7358

Identifizieren Sie sich nicht mit Ihren Emotionen, sonst fallen Sie in eine sich selbst erfüllende Prophezeiung. Wenn Sie sich beispielsweise als ängstliche Person sehen, werden Sie tatsächlich ängstlicher. Dito bei Wut, Neid oder Empörung.

Versuchen Sie, sich selbst umzubringen

Zu unserer Unfähigkeit, die eigenen Gefühle zu prognostizieren, auch »affective forecasting« genannt: https://en.wikipedia.org/wiki/Affective_forecasting

Dan Dennett in https://edge.org/event/headcon-13-whats-new-in-social-science

Seien Sie nicht das egoistische Arschloch, das sich auf die Bahnschienen legt: https://de.wikipedia.org/wiki/Schienensuizid#cite_note-aaz-2015-04-02-2

Heiraten Sie falsch, und bleiben Sie ewig zusammen

In Deutschland liegt die Scheidungsziffer bei rund 30% https://www.bib.bund.de/DE/Fakten/Fakt/L131-Zusammengefasste-Ehescheidungsziffer-Deutschland-West-Ost-ab-1970.html. In der Schweiz liegt die Scheidungsziffer bei rund 40%. https://www.bfs.admin.ch/bfs/de/home/statistiken/bevoelkerung/heiraten-eingetragene-partnerschaften-scheidungen/scheidungshaeufigkeit.html. Ihr Autor hat auch seinen Beitrag zu dieser Zahl geleistet.

Zur Tatsache, dass wir Menschen nicht verändern können: Hudson, W. W., & Fraley, R. C. (2015). Volitional personality trait change: Can people choose to change their personality traits? Journal of Personality and Social Psychology, 109(3), 490–507. DOI: 10.1037/pspp0000023 Summary: While this study primarily focuses on personality trait change, it also touches on the importance of compatibility in relationships. Compatibility involves alignment in personality traits, values, and goals between partners. The research suggests that compatibility contributes to relationship satisfaction and stability over time.a//Luo, S., & Klohnen, E. C. (2005). Assortative mating and marital quality in newlyweds: A couple-centered approach. Journal of Personality and Social Psychology, 88(2), 304–326. DOI: 10.1037/0022-3514.88.2.304 Summary: This study examines assortative mating, which refers to the tendency of individuals to select partners who are similar to themselves. The research suggests that couples who are more similar in various domains, including personality traits, attitudes, and values, tend to report higher levels of marital satisfaction and quality.

Es ist idiotisch, Ihren Lebenspartner verändern zu wollen: Charlie Munger: »If you want to guarantee yourself a life of misery, marry somebody with the idea of changing them.« In Peter Bevelin: All I Want To Know Is Where I'm Going To Die So I'll Never Go There, PCA Publications, 2016, S. 108

Viele Stichproben (Dates) sind nötig, bevor Sie sich binden: In den Worten des Investors Peter Thiel: »Wenn Sie sich entschließen, die erste Person zu heiraten, die Sie am Spielautomaten in Las Vegas treffen, könnte das vielleicht ein Lottogewinn sein, aber es ist wahrscheinlich eine stupide Idee.«//Peter Thiel: »If you decide to get married to the first person you meet at the slot machine in Las Vegas, you might hit the lottery ticket, but it's probably a bad idea.« WSJ Video Interview, Time Code 5:00. (https://www.wsj.com/articles/peter-thiel-competition-is-for-losers-1410535536)

Das Sekretärinnen-Problem: https://de.wikipedia.org/wiki/Sekretärinnenproblem

Für Geld heiraten ist idiotisch: Warren Buffett: »I think that's kind of a crazy way to live. It's probably a bad idea under any circumstances, but absolute madness if you are already rich.« In Warren Buffett: Letters to Shareholders 1965–2023, Kindle edition, Year 1985, S. 403.

Seien Sie nachtragend

Ein Beispiel aus der Literatur. Jean Valjean, der Protagonist in »Les Misérables« von Victor Hugo. Nach seiner jahrelangen ungerechtfertigten Inhaftierung trifft er den lokalen Bischof, der ihm die aufgestaute Wut und das Ressentiment komplett nimmt.

Die Geschichte mit der schief gelaufenen Augenoperation: »... in 1978, Munger underwent what he described as an old-fashioned cataract operation at the Good Samaritan Hospital in Los Angeles. ›This all happened 25 years ago,‹ said Munger. ›A new and better operation had been invented, but I didn't pay attention – I just went along with the doctor that recommended the old one that he knew how to do. The new type of surgery had a complication rate of no more than 2 percent while the (surgery) I had had a 5 percent complication rate. The man who did the first operation? I won't tell you his name. A perfectly nice guy. Our family eye doctor. I made the mistake – the fault was mine.‹ After the surgery, Munger fell victim to a rare and devastating complication. ›I developed an epithelial downgrowth,‹ he explained. ›A few cells of the outside of the eye got inside the eye, which is virtually impossible with the new operation. When that happens, the cells from the outside just proliferate. They take over the interior of the eye and raise the pressure, and that kills the optic nerve.‹ The condition is similar to cancer, except that the growth does not spread outside the eye. Munger was in such agony that he decided there was one thing worse than a blind eye, and that was a blind eye that hurt. In 1980 Munger had the doctors eviscerate, or scoop out, the innards of the left eye and cover the eyeball with a glass eye.« In Janet Lowe: Damn

Right!: Behind the Scenes with Berkshire Hathaway Billionaire Charlie Munger, John Wiley & Sons, 2000, Kindle edition, S. 146.

Mungers eiserne Regel: »Every time you think some person, or some unfairness is ruining your life, it is you who are ruining your life.« ebenda S. 224.

Nachtragend in der Politik. Hier ein Beispiel, wie die toxische Emotion abgebaut wurde: »I agreed with a charming message I got from George McGovern after he had been defeated for the presidency. He recalled making some bitter remarks about a couple of our columnists at a dinner party but wrote me: I have regretted that outburst and I have also established that the maximum time I can carry a grudge is about three months. This note is simply to say that I have now forgotten all campaign grudges. It is just too difficult trying to remember which people I'm supposed to shun. With rare exceptions, I feel strongly that McGovern's rule is an appropriate one for all of us. The longer I live, the more I observe that carrying around anger is most debilitating to the person who bears it.« In Katharine Graham: Personal History, Knopf, Reissued edition, 2002, S. 604.

Charlie Munger zu Resentment: »Ich kann es Ihnen nur wärmstens empfehlen, wenn Sie ein miserables Leben wünschen. (Samuel) Johnson sprach gut, als er sagte, dass es schwer genug sei, das Leben zu ertragen, ohne die bittere Schale des Grolls in sich hineinzuquetschen.«//»Resentment has always worked for me exactly as it worked for Carson. I cannot recommend it highly enough to you if you desire misery. Johnson spoke well when he said that life is hard enough to swallow without squeezing in the bitter rind of resentment.« (https://jamesclear.com/great-speeches/how-to-guarantee-a-life-of-misery-by-charlie-munger)

Hier ein weiterer Trick: Der kluge britische Premierminister Disraeli schrieb die Namen der Menschen, die ihm unrecht getan hatten, auf Zetteln und schloss sie in einer Schublade ab. Damit war der Groll weg. In großen Zeitabständen – mehrere Jahre – öffnete er die Schublade, las diese Namen und freute sich darüber, wie die Welt seine Feinde ohne sein Zutun zu Fall gebracht hatte.//Leicht angepasst und gekürzt von Charlie Munger: »For those of you who want misery, I also recommend refraining from practice of the Disraeli compromise, designed for people who find it impossible to quit resentment cold turkey. Disraeli, as he rose to become one of the greatest Prime Ministers, learned to give up vengeance as a motivation for action, but he did retain some outlet for resentment by putting the names of people who wronged him on pieces of paper in a drawer. Then, from time to time, he reviewed these names and took pleasure in noting the way the world had taken his enemies down without his assistance.« In Charles T. Munger: Poor Charlie's Almanack, The Donning Company Publishers, Kindle edition, S. 71.

Verschreiben Sie sich einer Ideologie

Das ist die Kernthese von Daniel Dennetts Buch: »Breaking the Spell: Religion as a Natural Phenomenon«.

Zu den Moonies (auch »Unification Church« genannt): https://en.wikipedia.org/wiki/Unification_Church// Dazu der Investor Charlie Munger: »Wie nimmt man ein normales Kind, das ein wenig unglücklich ist, fährt mit ihm für ein Wochenende aufs Land und verwandelt es in einen gehirngewaschenen Zombie, der für den Rest seines Lebens Blumen an der Straßenecke verkauft?… Die Moonies erreichen das, indem sie psychologische Tendenzen kombinieren, die in dieselbe Richtung wirken. Es gibt etwa 20 Standardtricks, mit denen man diese Art von miserabler Wahrnehmung auslösen kann. Und die Moonies haben herausgefunden, wie sie vier, fünf, sechs, sieben oder acht davon gleichzeitig anwenden können …« (https://cmqinvesting.substack.com/p/the-charlie-munger-guide-to-lollapalooza)

Daniel C. Dennett: »There's simply no polite way to tell people they've dedicated their lives to an illusion.« In: The New York Times, 19. April 2024 (https://www.nytimes.com/2024/04/19/books/daniel-dennett-dead.html)

Eigentum als Fiktion: Sie können ein Stück Land so oft umgraben, wie Sie wollen, nirgendwo werden Sie einen Zettel mit dem Namen des Eigentümers darauf finden. Und doch akzeptieren wir die Konvention, dass das Haus meines Nachbarn ihm und nicht mir gehört.

Die Fiktion einer »richtigen« globalen Ordnung: Welche rechtsstaatliche globale Ordnung soll denn gelten? Jene von heute? Jene von 1945? Warum nicht jene von 1914 oder 1815 oder eine aus der Antike?

Die Fiktion der Würde. Wie entsteht Würde? Und dort wann genau? Wenn das vorderste Molekül des Spermiums mit dem ersten Molekül der Eizelle in Wechselwirkung tritt oder erst, wenn sich die letzten der drei Milliarden Basispaare der DNA-Moleküle rekombiniert haben?

Wider den Ernst der Wissenschaften und der Wahrheit: Siehe dazu auch Paul K. Feyerabend: Interview in Rom 1993, Time Code 6:00 ff (https://www.youtube.com/watch?v=sE1mklb1nmU)

Die wichtige Rolle von Spott und Satire: Peter Sloterdijk: »How much truth is contained in something can be best determined by making it thoroughly laughable and then watching to see how much joking around it can take. For truth is a matter that can withstand mockery, that is freshened by any ironic gesture directed at it. Whatever cannot withstand satire is false.« Peter Sloterdijk: Critique of Cynical Reason, The University of Minnesota Press, 1987, S. 288.

Versuchen Sie, Menschen zu verändern

Theodor Fontane spielt etwas Ähnliches in »Effi Briest« durch. In diesem Roman versucht Effi sich den strengen sozialen Anforderungen ihrer Zeit anzupassen. Ihr Ehemann, Baron von Innstetten, versucht ebenfalls, Effi in eine perfekte preußische Hausfrau zu verwandeln. Trotz ihrer Bemühungen, eine treue und angepasste Ehefrau zu sein, kann Effi ihre jugendliche Leichtigkeit nicht unterdrücken. Zwar kein Selbstmord am Ende, aber Effi stirbt in Einsamkeit.

Charlie Munger: »Wenn du ein miserables Leben willst, heirate jemanden mit der Absicht, sie oder ihn zu verändern.« Charlie Munger: »If you want to guarantee yourself a life of misery, marry somebody with the idea of changing them.« In Peter Bevelin: All I Want To Know Is Where I'm Going To Die So I'll Never Go There, PCA Publications, 2016, S. 108.

Denn den größten Einfluss haben bei Jugendlichen nicht mehr die Eltern, nicht die Lehrer, nicht einmal die Sozialen Medien, sondern der Kreis der Freunde und Bekannten, jene Menschen, mit denen sie sich am stärksten vergleichen. Tipp für sich selbst: Umgeben Sie sich mit Menschen, die besser sind als Sie, dann wird auch Ihre Persönlichkeit hochgezogen. Dito im umgekehrten Fall. Es gibt sogar eine zweite Ausnahme: Psychopharmaka verändern Menschen im Charakter.

Es gibt noch die ethische Frage, ob wir, selbst wenn es möglich wäre, uns selbst oder die anderen überhaupt verändern dürfen? Denn eine modifizierte Person ist ja jemand anders als die ursprüngliche Person. Wenn es mir zum Beispiel gelänge, meinen Freund zu ändern, hätte ich seine alte Person ausgelöscht. Es gäbe ihn nicht mehr. Dafür gäbe es jetzt einen anderen. Selbst wenn ich seinen Konsens eingeholt hätte, bevor ich ihn veränderte, würde mir der »modifizierte« Freund diese Persönlichkeits-Modifikation vielleicht übel nehmen, denn er ist ja jetzt ein anderer. Vielleicht würde er mir die Freundschaft kündigen, denn mit seiner veränderten Persönlichkeit wäre ich für ihn als Freund eventuell nicht mehr interessant. Ganz zu schweigen von den Konsequenzen von und auf das soziale Umfeld meines modifizierten Freundes. Derek Parfit und Thomas Nagel haben ausgiebig darüber geschrieben. (Derek Parfit: Reasons and Persons. Thomas Nagel. Other Minds)

Sagen Sie immer, was Sie denken

Ingeborg Bachmann: Die Wahrheit ist dem Menschen zumutbar. Rede zur Verleihung des Hörspielpreises der Kriegsblinden. In: Kritische Schriften. Herausgegeben von Monika Albrecht und Dirk Göttsche. Piper, 2005, S. 246–248.

Max Frisch und Ingeborg Bachmann versprechen sich die totale Ehrlichkeit: »Wir müssen uns sehen und aussprechen, was auszusprechen irgend möglich ist, Inge.« Brief Nr. 74 von Max Frisch an Ingeborg Bachmann, 29. Juni 1959 in: »Wir haben es nicht gut gemacht.« Ingeborg Bachmann, Max Frisch: Wir haben es nicht gut gemacht, Suhrkamp, 2022, S. 129.

Warren Buffett: Bis ins Jahr 2023 war sein Vize Charlie Munger sein sarkastischer Side-Kick; leider ist Munger im gleichen Jahr verstorben.

Berkshire Hathaway, Shareholders Guide to the Shareholders Meeting 2024: »Do not ask what we are buying or selling. Even if the information is public, we do not discuss how we arrive at our decisions. We also will not discuss politics. Any other subjects are fair game.« (https://www.berkshirehathaway.com/meet01/visguide2024.pdf)

Tun Sie alles Mögliche gleichzeitig

Cal Newport: Deep Work. Rules for Focused Success in a Distracted World. Grand Central, 2016.

Hätten wir zwei oder mehr Gehirne, könnten wir erfolgreich Multitasking betreiben.

Sophie Leroy: »Why is it so hard to do my work? The challenge of attention residue when switching between work tasks«, Organizational Behavior and Human Decision Processes, Volume 109, Issue 2, 2009, Pages 168–181, ISSN 0749-5978, https://doi.org/10.1016/j.obhdp.2009.04.002. (https://www.sciencedirect.com/science/article/pii/S0749597809000399) »...it is difficult for people to transition their attention away from an unfinished task and their subsequent task performance suffers.«

Bleiben Sie oberflächlich

Die Begriffe »shallow work« bzw. »deep work« stammen aus dem Buch von Cal Newport: Deep Work. Rules for Focused Success in a Distracted World. Grand Central, 2016.

Leider lassen sich nicht alle Schwachstrom-Tätigkeiten aus dem Leben entfernen. Besonders im Privatleben müssen Sie eine gewisse Ödnis einfach akzeptieren: Einkaufen, Rasenmähen, Putzen, Rechnungen zahlen, das grässliche Rumhocken auf Kinderspielplätzen.

Der Schriftsteller Philip Roth: »The concentration, the focus, the solitude, the silence, all the things that are required for serious reading are not within people's reach anymore.« Christine Kearney: Philip Roth reflects on novel's decline and »Nemesis« in: Reuters, October 5, 2010. (https://www.reuters.com/article/idUSTRE6942MM/)

Ian McEwan: »Generally, the afternoons, I try to leave for reading. Take the reading seriously – between 2 and 4. Not answer the phone, because I am reading ... I remember when I was a devoted reader as a child, if you were reading a book people would assume you are doing nothing, and they would talk to you. If someone was playing tennis you wouldn't walk onto the court and start engaging him in a conversation. Reading is at least as important as playing tennis.« (https://www.youtube.com/watch?v=KBrCngwREXg, Time Code 2:30)

Zu Charlie Mungers Konzentrationsfähigkeit: »I don't look at waiter's faces, so I never recognize them later,« grumbled Charlie. »It's a terrible habit to live with. Very embarrassing.« Why doesn't he look at people? »I'm always thinking about other things. I forget to look around.« In Janet Lowe: Damn Right!: Behind the Scenes with Berkshire Hathaway Billionaire Charlie Munger, John Wiley & Sons, 2000, Kindle edition, S. 61. »Charlie has enormous powers of concentration,« said Otis Booth, Munger's partner on his first two real estate projects. »When he concentrates, everything else goes away.« Ebenda.

Warren Buffett biographer Alice Schroder about Charlie Munger: »Munger was famous for getting into cabs while people were talking to him as if he did not hear them and for disappearing through doors the second he finished talking without waiting for a response.« In: The Snowball: Warren Buffett and the Business of Life, Bantam, 2008, Kindle edition, S. 399.

Bill Gates' Ultra-Konzentration: »Gates worked with such intensity for such lengths ... that he would often collapse into sleep on his keyboard in the middle of writing a line of code. He would then sleep for an hour or two, wake up, and pick up right where he left off ...« In Cal Newport: Deep Work. Rules for Focused Success in a Distracted World. Grand Central, 2016, S. 257. See also the examples of Teddy Roosevelt and Peter Higgs.

Konzentration und Aufmerksamkeit: Niemand schrieb es poetischer als Dichterin Mary Oliver: «Das ist das Erste, Wildeste und Weiseste, was ich weiß: dass die Seele existiert und dass sie ganz aus Aufmerksamkeit besteht«/»This is the first, wildest and wisest thing I know: that the soul exists, and that it is built entirely out of attentiveness.« In: The New York Times: David Brooks: The Quiet Magic of Middle Managers, 11 April 2024.

Umgeben Sie sich mit Psychos

Charlie Munger: »I just laid out a wonderful life lesson for you. Give a whole lot of things a wide berth ... Crooks, crazies, egomaniacs, people full of resentment, people full of self-pity, people who feel like victims – there's a whole lot of things that aren't going to work for you; figure out what they are and avoid them like the plague.« In: A Conversation with Charlie Munger and Michigan Ross (Ross School of Business) 2017 (https://www.youtube.com/watch?v=S9HglGzOENA&t=2407s) Time Code 40:00.

Zur Psycho-Mutter, die ihrem Sohn zwei Hemden schenkt: Paul Watzlawick: Anleitung zum Unglücklichsein, Piper, Taschenbuch. S. 85. Ein anderes Beispiel: Sie äußern den »Wunsch nach einem Geschenk, sind dann aber enttäuscht, wenn man es ›nur‹ deswegen erhält, weil man diesen Wunsch äußerte.« ebenda S. 100.//Oder: »Sagen Sie oder tun Sie etwas, was man sowohl ernsthaft wie scherzhaft auffassen kann.

Beschuldigen Sie dann Ihren Partner, je nach seiner Reaktion, eine ernsthafte Sache ins Lächerliche ziehen zu wollen oder keinen Sinn für Humor zu haben.« Ebenda.

Narzissten: »Die Leute sollten dankbar sein, dass ich bei diesem Projekt dabei bin.«

Zur »zero-based affection«: »Warren (Buffett) is humanly wise, too, so naturally I began to share with him things in my private life. His comments always helped. One day I called him because I had been hurt by a friend. ›Don't forget,‹ he told me, ›she has zero-based affection,‹ meaning that you always had to start from scratch, with no reservoir of goodwill or of love.« In Katharine Graham: Personal History, Knopf, Reissued edition, 2002, S. 604.

Warren Buffett: »...we would rather achieve a return of X while associating with people whom we strongly like and admire than realize 110% of X by exchanging these relationships for uninteresting or unpleasant ones.« In Warren Buffett: Letters to Shareholders 1965–2023, Kindle edition, S. 445.

Stürzen Sie sich in den Wettbewerb

Konkurrenz ist für Verlierer: Basierend auf dem Vortrag von Peter Thiel an der Stanford Business School. Time Code 37:00 (https://www.youtube.com/watch?app=desktop&v=3Fx5Q8xGU8k&t=837s)

Buffett: »The secret of life is weak competition.« (https://buffett.cnbc.com/video/1998/05/04/buffett-the-secret-of-life-is-weak-competition.html TC 01:00)

Jennifer Doudna: »I've looked for opportunities where I can fill a niche where there aren't too many other people with the same skill sets.« In Walter Isaacson: The Code Breaker: Jennifer Doudna, Gene Editing, and the Future of the Human Race, Simon & Schuster, Kindle edition, S. 6.

Peter Thiel: »If you want to create and capture lasting value, look to build a monopoly.« (https://www.wsj.com/articles/peter-thiel-competition-is-for-losers-1410535536)// »Wenn Sie einen dauerhaften Wert schaffen und erhalten wollen, sollten Sie ein Monopol aufbauen.«

Der Kanadier Roger Martin gilt als der weltweit führende Strategieexperte. Strategie ist die Wahl eines Spielfeldes, in der man mit großer Wahrscheinlich der/die Beste sein wird. Dabei ist es nicht so wichtig, wie groß dieser Markt ist. Hauptsache, man schafft sich eine Nische, in der man mit größter Wahrscheinlichkeit gewinnen wird.

Henry Kissinger: »The reason that university politics is so vicious is because stakes are so small« (https://www.goodreads.com/quotes/609695-the-reason-that-university-politics-is-so-vicious-is-because)

https://jungle.world/artikel/2022/25/zwei-kahle-und-ein-kamm

Sagen Sie zu allem Ja

Gehen Sie davon aus, der Termin wäre schon morgen: Diesen Tipp hat mir mein Freund Guy Spier gegeben.

Warren Buffetts Bitte an seine Mitarbeiter: »Please turn down all proposals for me to speak, make contributions, intercede with the Gates Foundation, etc. Sometimes these requests for you to act as intermediary will be accompanied by ›It can't hurt to ask‹ It will be easier for both of us if you just say ›no‹.« In Peter Bevelin, All I Want To Know Is Where I'm Going To Die So I'll Never Go There, PCA Publications, 2016, S. 52.

Das Fünf-Sekunden-Nein: Ursprünglich von Charlie Munger: »The other thing is the five-second no. You've got to make up your mind. You don't leave people hanging.« In Lowe, Janet: Damn Right, Behind the Scenes with Berkshire Hathaway Billionaire Charlie Munger, John Wiley & Sons, 2000, Kindle edition, S. 54.

Der irische Schriftsteller George Bernard Shaw hat eher undiplomatisch auf Einladungen reagiert. So schrieb er als Antwort auf eine Einladung der West Edinburgh Labour Party: »Es wäre einfacher und angenehmer, mich zu ertränken.«//»It would be easier and pleasanter to drown myself.« (https://news.lettersofnote.com/p/i-decline-to-sit-in-a-hot-room-and?utm_source=Live%2BAudience&utm_campaign=1586f44658-nature-briefing-daily-20240514&utm_medium=email&utm_term=0_b27a691814-1586f44658-51766704)

Der zweite Grund, weshalb wir ungern Nein sagen, ist die sogenannte »fear of missing out«, kurz »FOMO« – die Angst, etwas zu verpassen. Sie ist komplett unbegründet. Es gibt Millionen von Dingen, die Sie verpassen können und verpassen werden. Auf ein paar mehr oder weniger kommt es nicht an. Wichtig ist, dass die Dinge, für die Sie sich entscheiden, tatsächlich Ihren Zielen entsprechen.

Seneca: »It is not that we have a short time to live, but that we waste a lot of it ... So it is: we are not given a short life but we make it short, and we are not ill-supplied but wasteful of it ... Life is long if you know how to use it.« (https://www.themarginalian.org/2014/09/01/seneca-on-the-shortness-of-life/)

Müllen Sie Ihr Leben voll

Die Forschung ist eindeutig. Cornell-Professor Tom Gilovich ist in diesem Bereich federführend. Hamblin, James: »Buy Experiences, Not Things«. The Atlantic Magazine. Retrieved October 7, 2014

Marie Kondo: Magic Cleaning: Wie richtiges Aufräumen Ihr Leben verändert. Rowohlt, Reinbek bei Hamburg 2013.

Stürzen Sie sich in die Inhaltsfalle

Anzahl Tweets auf X: https://whatsthebigdata.com/twitter-statistics/#

Und das betrifft nur Inhalte, die von Menschen produziert wurden. Bald wird künstliche Intelligenz eine Flut an großartigem Content generieren.

Ein weiterer Filter: Bezahlte Inhalte werden oft strenger geprüft als kostenlose, die mit Werbung, Vorurteilen, Propaganda oder offensichtlichen Fehlern behaftet sein können. Achten Sie also darauf, woher Ihre Informationen stammen. Und hüten Sie sich vor synthetischen Fallen. Da die Erstellung synthetischer Inhalte in die Höhe schießt, wird es immer schwieriger, echte Erkenntnisse von algorithmisch generiertem Clickbait zu unterscheiden. Bleiben Sie wachsam. Wenn der Inhalt zu personalisiert und zu perfekt erscheint, sollten Sie vorsichtig sein.

Schlusswort und Dank

Sixtinische Kapelle: Matt Ridley: »On the ceiling of the Sistine Chapel, Adam and God touch fingers. To the uneducated eye it is not clear who is creating whom. We are supposed to assume God's the one doing the creating, and much of the world thinks so. To anybody who has read the history of the ancient world, it is crystal clear by contrast that, in the words of the title of Selina O'Grady's book on the subject, Man Created God.« In Matt Ridley: The Evolution of Everything: How Small Changes Transform Our World, Harper Collins, 2015, Kindle edition, Position 3733, Chapter 14. In Matt Ridley: The Evolution of Everything: How Small Changes Transform Our World, Harper Collins, 2015, Kindle edition, Position 3733, Chapter 14.

Zur Rollenumkehr: Warren Buffett: »I would also always ask, ›If our roles were reversed, what questions would you ask me if I were running your business?‹« In Peter Bevelin: All I Want To Know Is Where I'm Going To Die So I'll Never Go There, PCA Publications, 2016, S. 164

Richard Thaler: ».... using these heuristics causes people to make predictable errors. Thus the title of the paper: heuristics and biases.« In Richard Thaler: Misbehaving: The Making of Behavioral Economics, W. W. Norton & Company, Kindle edition, S. 21.